요가

초월을 향한 지향

차례

Contents

신비주의와 요가 : 직관적 체험을 통한 자아의 실현

고대 이래로 인도 종교와 사상이 추구해왔던 것은 인간을 제약하는 모든 존재 조건을 초월하여 '완전하게 자유로운 경지'에 이르는 것이었다. 인도의 성자들은 자신들의 체험을 통하여 인간의 진정한 본질을 발견하는 일, 그러니까 자아를 실현함으로써 이 경지에 이를 수 있다고 확신했다. 그들은 인간이 자신과 우주에 대한 진리를 깨닫게 되면 자아를 제약하는 좁은 개별성에서 벗어나 우주의 근원적 실재와 하나가 되는 이 초월의 경지에 이를 수 있으며, 이는 직관적인 체험을 통하여 달성될 수 있다고 믿었다. 따라서 신학적 내용에 대한 믿음보다는 실천적인 경험을 통하여 진리를 스스로 깨닫는 것[自覺]을 강조해왔다. 즉, 진리가 계시나 이성이 아니라 인간 자

아침 명상중인 요기.

신의 직관적인 경험을 통하여 얻어지는 것이라고 믿은 것이다. 이것이 우리가 이제부터 다루려고 하는 요가의 핵심적인 가르침이자 인도 신비주의 전통의 일반적인 가르침이기도 하다.

요가는 인도 종교문화의 정신과 이상 그리고 실천적 전통을 모두 포괄하는 인도 문화의 중요한 유산이다. 따라서 현재 일반적으로 알려져 있는 것처럼 요가를 단순한 건강 테크닉 정도로 이해하는 것은 올바른 이해라고 할 수 없다.

그렇다면 요가란 과연 무엇이고, 요가에는 어떠한 종류와 방법들이 있으며, 요가가 추구하는 목적과 핵심 정신은 무엇인가? 그리고 지금과 같이 빠른 속도감을 가지고 살아야 하는 현대인들의 삶에 요가는 어떠한 의미가 있는 것일까? 이는 신비주의가 오늘날 현대인들의 삶에 어떠한 의미와 가치를 지닐 수 있는가 하는 물음과도 관련된다. 그런 의미에서 하나의 사상체계이자 수행체계인 요가를 구체적으로 다루기에 앞서 보다 큰 범주인 신비주의에 대해 간략히 설명해보기로 하겠다.

신비주의(Mysticism)

일상의 경험세계를 초월하여 우주의 근원과 인간의 본성을 꿰뚫어 보려는 열망, 다시 말해 존재의 보다 깊은 차원에 이르려는 인간의 열망과 노력은 긴 역사를 지닌다. 신비주의는 이러한 인간 노력의 산물이라고 할 수 있다.

여러 시대와 지역에 걸쳐서 초월의 경험을 추구해온 신비가를 발견하는 일은 어려운 일이 아니다. 오늘날 탈신비화 과정을 밟고 있는 문화권에서도 음악이나 춤 그리고 새로운 종교 운동, 심지어는 마약류 등을 통하여 새로운 형태의 정신적 개발을 추구하는 이들을 적지 않게 만날 수 있다. 이렇게 신비주의에 대한 관심이 부활하고 있는 현상은 현대 문명이 안고 있는 문제와도 관련이 깊다.

근대 이후 발전한 합리주의와 과학이 우리 삶에 많은 성과물을 안겨준 사실을 부인할 수는 없다. 그러나 인류의 본질적이고 실존적인 문제들에 대한 적절한 해답을 제시해주지는 못했다. 또, 현대에 와서 증가하고 있는 불안과 불확실성, 절망 등과 같은 심리적인 문제들 역시 해결되지 못한 채 남아 있다. 이러한 상황에서 사람들은 이에 대한 대안을 다시 고대의 신비주의 전통이나 그와 유사한 신비적 경향을 지니는 것들에서 찾고 있는 것으로 보인다.

신비주의란 말은 여러 의미로 사용되어왔고 학자들의 정의도 일치하고 있는 것은 아니다. 하지만 대체로 공통적으로 제시되는 것을 지적한다면 궁극적인 대상과의 합일경험, 즉 하나가 되는 일체감에 대한 강조를 꼽을 수 있다. 이에 근거하여 개략적으로 신비주의를 정의해보면, '개념적이거나 이성적인 사고 또는 단순한 신앙을 통해서가 아니라 직접적이고 영적인 직관과 통찰을 통하여 궁극적인 실재와 하나가 되려는 추구이자 하나가 되는 경험'이라고 할 수 있을 것이다.

이러한 체험을 하는 신비가는 일상적인 경험을 초월하는 의식 상태에 도달하여 이전의 지적인 이해로는 얻을 수 없었던 신비지식을 얻게 되고 이를 통해 세상과 자신에 대한 새로운 이해와 의미를 갖게 된다고 한다. 즉, 궁극적 실재와의 합일을 직접적으로 경험하는 신비체험을 통해 신비가의 일상의식이 확장되고 잠재능력이 나타나면서 이전의 합리적 지성으로는 이해할 수 없었던 진리의 측면들을 보게 된다는 것이다.

신비가들이 추구해왔던 것은 역사와 시간이 지배하는 세계, 다시 말해 인간의 일상적인 경험의 세계를 벗어나 시간이 부재하는 영원성의 세계로 나아가는 것이었다. 이 '시간이 부재하는 순간(영원성)'을 즉시적이고 직접적으로 깨닫는 경험이 인간의 관점을 혁명적으로 바꾸어놓음으로써 새로운 시각과 의미로 자신과 주변세계를 파악하게 만드는, 이른바 실존적인 전환의 실례들은 신비가들의 체험담을 통해 확인할 수 있다. 요컨대 신비체험은 신비가의 삶을 변혁시키고 삶에 새로운 의미와 목적을 부여한다고 말할 수 있다. 또, 세계의 여러 신비가들이 이러한 경험을 통하여 존재의 궁극적인 본질이나 의미를 직접적으로 파악해왔다는 점에서 신비주의는 진리와 실재에 다가가는 주요한 통로 역할을 해왔다고 할 수 있다. 이와 관련하여 신비주의에 대한 개념적이고 형식적인 정의를 내리고 있는 합폴드(Happold, 1977 : 38)는 신비주의를, '다양한 각도에서 접근하고 해석할 수 있는, 경험의 한 유형이자 의식의 한 상태이고 지식의 한 방식'으로 규정하고 있다.

흔히 신비체험자들은 자신의 경험이 절대적으로 타당하고 확실한 경험이기는 하지만 일상의 경험적인 차원을 뛰어넘는 초월적인 것이어서 말로 기술하거나 논리적으로 설명할 수는 없다고 주장한다. 소위 과학적으로 사유하고 기술하는데 익숙해 있는 사람들에게 인간이 실재를 인식하는 유일한 방법은 감각적 인지, 기억, 개념적 이성 등을 통해서일 것이다. 따라서 그들은 합리적으로 증명될 수도, 말로 기술될 수조차 없는 신비가들의 주장을 진리나 사실로서 받아들일 리 없다.

그러나 과연 무엇이 실재(궁극적으로 존재하는 것)의 본질일까? 우리가 아는 것, 우리가 안다고 생각하는 것은 실은 매우 제한적인 인식의 범위 안에서 파악된 것은 아닐까? 우리의 인식 범위가 확장된다면 우리는 그것을 아주 다르게 보게 되지 않을까? 이러한 물음들 뒤에는 우리가 일상적으로 감각과 이성을 통하여 인식하고 파악하는 경험의 세계가 매우 제한적일

뿐 아니라 왜곡된 오류일 수도 있다는, 그리고 감각과 이성만으로는 인식하거나 이해할 수 없는 어떤 다른 차원의 영역이 존재한다는 전제가 깔려 있다. 그리고 이에 근거하여 우리가 제한적인 감각과 이성에 근거해 실재를 인식하고 판단하는 것에 문제를 제기한다. 이는 합리적 이성과 비합리적인 정서(감성, 감정)를 구분하고 이성의 한계를 지적하는 태도라고 할 수 있다. 이와 관련하여 한 가지 지적해둘 것은 신비적 직관(신비지식)을 통해 우주를 파악하려는 충동은 형이상학적이거나 과학적인 지식을 추구하는 충동과는 다르다는 점이다. 우주를 이해하려는 욕망은 공통되나 신비가에게는 구원에 대한 욕망이 개입되어 있다. 즉, 신비지식은 존재를 영원한 삶으로 이끄는 구원의 성질을 지닌다.

이러한 신비주의를 넓은 의미로 적용시켜보면 세계 주요 종교는 물론 비종교적 영역에서도 그 모습을 발견할 수 있다. 따라서 신비주의의 유형을 다양하게 분류할 수 있겠으나 여러 학자들(Parrinder, 1976 ; Happold, 1977)의 견해를 종합해보면 크게는 궁극적 실재와의 합일을 추구하는 '종교 신비주의'와 자연 신비주의나 정치적 신비주의와 같이 모든 것 또는 어떤 대상과의 합일을 추구하는 '비종교적 신비주의'로 구분할 수 있다.

그러나 좁은 의미의 신비주의는 직관적이고 초월적인 성격을 띠는 지극히 내적인 종교경험의 한 형태로 볼 수 있다. 이 종교 신비주의는 또 다음의 두 유형으로 나눌 수 있다. 하나는 신과의 결합을 추구하는 유신론적 신비주의(Theistic Mysticism)이다. 여기서의 신비체험은 순수의식 속에서 신적 존재와 합일하는 체험을 말한다. 그러나 이것이 신과 동일하게 되는 것을 의미하지는 않는다. 사랑의 관계를 통하여 신에게 가장 가까이 근접하거나 신과 하나가 될 수는 있지만 결코 신이 될 수는 없다. 기독교, 유대교, 이슬람과 같은 유일신 종교의 신비주의가 이에 해당한다.

또 다른 하나는 흔히 신비주의의 전형으로 설명되는 일원론적 신비주의(Monistic Mysticism)이다. 이 유형의 신비주의에서 신비가는 통합된 의식 상태 속에서 자신(모든 것)에 내재해 있는 우주의 본질을 경험하려고 한다. 이러한 경험에서 신비가는 우주의 궁극적 실재와의 완전한 일치(identity)를 체험한다. 즉, 일원론적 신비주의는 모든 존재의 본질을 구성하고 있는 근원적 실재와 인간 본질의 동일성을 발견하고 경험하려는 추구이다. 인도 신비주의 전통이 이 신비주의 유형의 전형적인 예를 보여주고 있다. 우리가 다룰 요가는 인식의 대상과 주체가 일체를 이루는 통합된 의식 상태에서 사물을 직접적으로 파악하는 관조의 경지를 추구하는 것으로, 인도 신비주의의 가장 중요한 형태이다. 따라서 요가에 대한 이해를 통해 우리는 인류의 정신사에서 핵심적인 부분을 차지해온 신비주의의 본질과 특성을 파악하고, 이를 통해 인간이 지닌 종교적 열망의 깊은 차원을 이해할 수 있게 될 것이다.

요가 : 인도의 신비주의 전통

요가를 포함하는 인도의 신비주의 전통이 추구해온 이상과 그 속에 담겨 있는 인간의 깊은 열망은 무엇일까? 고대 이래(우빠니샤드 이후)로 인도인들은 경험세계 속에서 살아가는 인간의 존재 상태가 생성소멸의 변화를 경험할 수밖에 없는 제약적인 것이며, 윤회란 이러한 제약적인 존재 상태가 지속되는 것이라고 보았다. 그래서 윤회하는 삶을 만족스러운 것으로 받아들이지 않았고, 이 윤회의 굴레에서 해방되어 완전하게 자유로운 상태에 이르는 해탈(解脫, 힌두교의 'Moksha' 또는 불교의 'Nirvana' 등)을 추구해왔다. 따라서 인도 종교와 사상이 지속적으로 추구해온 이상은 인간의 모든 제약적인 존재 조건들을 초월하여 완전하게 자유로운 존재의 지평에 이르는 것이었다.

인도인들은 (사색적이고 경험적인 탐구를 거쳐서) 이러한 해탈의 가능성을 인간 안에서 찾아냈다. 인도 사상은 인간이 본질적으로는 물질적인 존재가 아니라 영적인 존재이며 완전하게 자유로운 존재라고 이해한다. 인간은 신체(sarira)와 마음(manas) 그리고 영적 요소인 자아(atman, 또는 영혼)로 구성되어 있는데, 신체와 마음이 나와 타자를 구분하는 개별 요소라면 자아, 곧 영혼은 보편 요소로 모든 존재의 본질이자 우주의 근원(Brahman, 또는 그것의 인격화인 신)과 동일하다는 것이다. 이는 개별자로서의 인간이 변화와 고통을 경험할 수밖에 없는 제약적인 존재라면 본질로서의 인간은 모든 제약에서 완전히 자유롭다는 뜻이다.

따라서 인도인들은 우리가 자신의 본질이 우주의 본질과 동일하다는 것을 깨닫고 우주와 하나가 될 수만 있다면 개별성이 부과하는 제약에서 자유로워질 수 있다고 보고 있다. 힌두 사상은 이것을 궁극적 실재인 브라흐만(Brahman) 또는 그것의 인격적 현현인 비슈누(Vishnu), 쉬바(Shiva), 여신 등과의 합일, 또 달리 표현하면 인간의 진정한 본질인 자아와의 합일을 통해 가능하다고 제시한다. 이는 결국 인간이 개별적인 차원을 극복하여 모든 존재와의 일체를 경험하는 상태를 의미한다.

자기수행을 통하여 전 우주의 통일성을 자각한 사람은 자기 의식, 곧 개별 의식을 버리게 되는데, 이렇게 자기 의식에서 벗어나면 모든 욕망과 집착에서 자유롭기 때문에 전혀 두려움이 없고 지고의 기쁨으로 가득 찬 평정 상태에 도달한다고 한다. 이것이 힌두 사상이 말하고자 하는 해탈의 의미이다. 실제로 인도인들이 신성시하는 강가(갠지스) 강변에서 목욕의례를 하고 있는 사람, 명상을 하고 있는 사람 그리고 순례자들에게 '당신은 왜 이러한 종교 행위를 하고 계십니까?'라고 물으면 보통 '산띠 껠리에', 즉 '마음의 평화와 평온을 위해서'라는 대답을 듣곤 한다. 이것이 바로 대다수 인도인들에게 자리잡고 있는 삶의 이상으로서의 해탈의 의미이자 그들 종교 행위의 궁극적인 지향점이다.

인도인들은 인간이 속박된 삶을 살아야 하는 까닭을 인간이 자신의 자유로운 본질을 자각하지 못함으로써 생겨나는 욕망과 집착으로 파악했다. 따라서 자유로운 경지에 이르기 위해서는 모든 세속적인 집착과 욕망을 버리는 삶의 태도(samnyasa)가 권고되었다. 이러한 무집착과 무욕망의 삶의 태도가 인도인들의 삶과 문화에 미친 영향은 매우 크다. 이를 실천할 수 있는 다양한 종교, 사회적 관행과 제도들이 확립되어 오랜 기간 동안 실천되어왔고 명상을 포함한 요가는 그 대표적인 예이다.

인도의 신비주의 전통 역시 신비주의의 일반적인 주장과 마찬가지로 무언가에 대해 단순히 이론적이고 개념적으로 아는 것을 진정한 앎으로 간주하지 않는다. 즉, 지성이 진정한 앎의 도구가 될 수는 없다고 보는 것이다. 이것이 바로 인도 전통이 교리적 신앙이나 철학적 지식이 아닌 실천을 통한 직접적인 깨달음을 중시하는 이유이다. 따라서 인도에서는 전통적으로 해탈을 위한 궁극적인 권위가 경전이나 그 해설보다는 영적인 진리를 체험한 이들에게서 나왔다. 그리고 요가는 이러한 영적 비전과 내적인 전환을 추구하고 얻는 과정, 즉 자기 실현의 과정에 대한 가장 일반적인 명칭이라고 할 수 있다.

이 점에서 인도학자 빤데(Pande, 1990 : 5-7)는, 인도의 수행체계(Sadhana)는 고정된 이론적 사상체계나 독단적 사상체계를 전제하지 않고 영적·문화적 경험에 비추어 그 전제들을 점진적으로 발견하고 재해석해왔고, 요가 역시 오랜 전통을 거치면서 증명되고 수정된 개인적인 실현의 문제라는 점에서 과학적이라고 주장한다. 또, 세속적인 학문과 활동들 역시 근본적으로 종교적 열망(해방 추구)에서 이루어졌기 때문에 세속적인 것과 종교적인 것 사이에 간격이 없다고 말한다. 그래서 19세기 유럽에서 선험적 전제를 지닌 종교적 신앙이 과학과 충돌한 것과 달리, 인도에서 그러한 반목이 없었던 것은 영적 삶과 진리에 대한 이러한 과학적 태도 때문이라고 주장한다.

고전 요가 : 본래의 자유로운 너를 발견하라!

앞서 언급했듯이 인도 종교와 사상은 인간을 제약하는 실존 조건에서 벗어나 절대적인 자유의 경지에 이르는 것을 궁극적 목표로 추구해왔다. 넓은 의미의 요가는 이 절대적 자유, 곧 해탈의 경지에 이르기 위해 인도인들이 사용해온 다양한 수행방법들을 총칭해 부르는 말이다. 그러나 좁은 의미의 요가는 기원전 2세기 무렵의 인물로 추정되는 빠딴잘리(Patanjali)가 기존에 흩어져 있던 요가의 여러 이론과 수행방법들을 통합하고 체계화시켜서 『요가 수뜨라 *Yoga Sutra*』[1]로 정리한 요가 철학(인도 6파 철학 중 하나)을 지칭한다. 빠딴잘리가 체계화시킨 이 요가를 흔히 고전 요가 또는 빠딴잘리 요가 그리고 때로는 요가의 왕이란 뜻의 라자(Raja) 요가로도 부른다.

요가는 우선, 행복의 근원이 인간 외부의 어떤 대상에 있는 것이 아니라 인간 안에 자리하고 있다는 전제에서 출발한다. 고전 요가에 의하면 우리는 일상의 삶을 살아가면서 현상을 대립적으로 구분하는 의식을 가지고 세계를 인식하고 이해한다. 이로 인해 사랑과 증오, 즐거움과 고통, 행복과 슬픔 등의 상반되는 경험을 하게 되고 이로부터 고통을 경험하게 된다는 것이다. 따라서 우리가 이 구분하는 의식을 초월하여 통일된 의식으로 사물과 현상을 파악할 수만 있다면 이원적 경험에서 비롯되는 고통에서 자유로워질 수 있다고 말한다.

요가나 인도 사상은 모든 제약에서 자유로운 이 통일된 의식, 다시 말해 순수의식(또는 초의식)이 인간 안에 본래적으로 존재한다고 주장한다. 하지만 우리의 마음작용(또는 변형이나 동요)으로 그것이 방해를 받고 있으므로, 모든 제약 상태에서 자유로워지기 위해서는 실천적인 수행을 통해서 그 마음작용을 제거해야 한다는 것이다. 따라서 빠딴잘리 요가는 바로 이 마음과 그것의 변형 문제에 관심을 기울인다.

요가의 철학적 토대 : 샹캬-요가(Shankya-Yoga) 체계

이러한 요가의 사상을 이해하기 위해서는 요가의 철학적 토대를 살펴볼 필요가 있다. 요가 철학은 또 다른 인도 철학파인 샹캬 철학의 기본 입장을 대부분 수용하고 있다. 그래서 흔히 두 철학파를 묶어 샹캬-요가 체계로 부른다. 두 학파 모두 인간의 경험적인 존재 상황을 '고(苦, duhkha)'라고 보고 이 '고'에서 해방되는 것을 궁극적인 목표로 삼고 있다. 둘의 차이는 샹캬가 이론체계라면 요가는 실천체계라는 데 있다.

최초의 샹캬 사상가들은 고타마 붓다 이전 시대의 사람들로, 아마도 붓다에게 영향을 주었을 것으로 추정된다. 기원전 7세기경의 인물인 까삘라(Kapila)가 창시자로 알려져 있는데, 학파로 체계화된 시기는 『샹캬 까리까 *Shankya-Karika*』 문헌이 집성된 시기인 기원전 3세기경이다. 이 학파의 기본 전제는 불교와 마찬가지로 인간의 모든 경험이 본질적으로 고(苦)라고 보는 '고'의 보편성에 대한 주장이다. 따라서 이 '고'로부터의 해방이 이 체계의 핵심적인 문제였다. 샹캬는 이 문제를 이원론적 세계관을 통하여 설명했다.[2)]

무신론적 이원론인 샹캬는 우주의 근원적 두 실재를 뿌루샤(Purusha)와 쁘라끄리띠(Prakriti)로 제시하고,[3)] 우주의 생성을 이 둘의 원초적 접촉으로 인한 전변(轉變)으로 설명한다. 샹캬에 따르면 뿌루샤는 모든 속박과 제약에서 자유로운 순수의식 또는 중성적인 형이상학적 원리로, 정적이고 행동하지 않는 관조자이며 변화를 겪지 않는다. 반면에 쁘라끄리띠는 물질세계를 존재하게 만드는 질료적 원리로서, 역동적이고 행위의 주체자이다. 이 쁘라끄리띠는 사뜨와(Sattwa), 라자스(Rajas) 그리고 따마스(Tamas) 등의 세 구나(guna, 성질)로 구성되어 있는데 사뜨와는 쾌활하고 밝아 즐거움을 주는 작용을 하고, 라자스는 자극적이고 활동적이어서 행위를 야기하며, 따마스는 무겁고 감싸는 성질이 있어 무관심을 가져오고 행위를 억제시키는 작용을 한다.

이들 구성 요소들이 균형 상태를 유지하고 있을 때는 어떠한 존재도 생겨나지 않는데, 원초적 질료로서의 최초의 쁘라끄리띠는 이러한 균형 상태를 유지하고 있었다고 한다. 『샹캬까리까』에 의하면(S. K. 17, 31, 42, 56) 뿌루샤가 쁘라끄리띠에 근접하게 되면 쁘라끄리띠의 균형 상태가 깨어지면서 세 구나가 서로 다른 비율로 구성되어 있는 여러 물질로 전변하는 과정이 나타나게 된다. 즉, 뿌루샤와 쁘라끄리띠의 접촉으로 인해 쁘라끄리띠로부터 사유기능인 마하뜨(Mahat 또는 Buddhi)가 맨 먼저 나오고, 여기서 에고의식인 아함까라(Ahamkara)가 나오며, 또 여기서 주·객관적 현상계가 나온다는 것이다. 이 과정에서 주체적으로 기능하는 행위자는 쁘라끄리띠이고 뿌루샤는 행위하지 않는 관조자로 설명된다. 이러한 설명은 이 철학체계가 우리의 경험세계와 그것에 대한 인식을 인간의 사유기능에서 비롯된 에고의식의 산물로 보고 있다는 것을 시사해준다.

초기 샹캬 사상가들은 무신론적 경향을 나타내서 뿌루샤의 복수성을 주장했다. 즉, 뿌루샤와 쁘라끄리띠의 접촉으로 인해 생겨난 모든 전개물에는 뿌루샤가 있다고 생각했다. 따라서 인간에게도 순수의식인 뿌루샤가 존재하고 그의 몸은 쁘라끄리띠의 전개물로 이해된다. 또 인간이 고통을 경험하게 되는 까닭을, 개별 인간의 순수의식인 뿌루샤가 쁘라끄리띠의 전개물인 몸과 자신을 동일시하는 무지로 인해 몸이 겪는 고통의 경험을 순수의식 자신이 체험하는 것으로 착각하기 때문이라고 설명한다. 따라서 뿌루샤와 쁘라끄리띠를 분별하는 분별지(分別智, viveke-jnana)의 획득이 해탈의 방법으로 제시된다. 이 분별지는 뿌루샤의 본질을 올바르게 파악하는 것으로, 경험에 의해 획득되는 것이 아니라 뿌루샤 자신의 관조를 통한 깨달음, 즉 자신이 고통을 경험하는 주체가 아니라 관조자임을 깨닫는 것에 의해 얻어진다. 이는 인식론적인 해탈방법이라고 할 수 있다.

상캬는 물질세계가 존재하게 된 이유, 즉 두 실재의 접촉 이유에 대해, 뿌루샤와 쁘라끄리띠의 접촉이 즐거움과 고통의 경험을 낳지만 궁극적으로는 뿌루샤를 고(苦)로부터 해방시키기 위한 것이라고 설명한다(S.K. 17, 31, 42, 56). 그러나 이러한 설명은 본래 고(苦)에서 자유로운 뿌루샤가 왜 쁘라끄리띠와의 접촉을 통하여 스스로를 속박 상태에 있게 하는가에 대해서는 충분히 납득시키지 못하는 것 같다.

여기서 주목해야 할 점은 불교를 포함한 대부분의 인도 종교나 철학의 궁극적인 목표가 고(苦)인 윤회로부터의 해탈이라는 점이다. 즉, 최우선적인 관심과 가치를 존재의 근원적인 기원이나 원인에 대한 이론적인 규명에 두기보다는 한계 지어진 존재 조건으로부터의 인간 해방이라는 실천적이고 구원론적인 문제에 둔다는 사실이다. 따라서 상캬의 이원론을 절대적인 이원론이 아닌 세계와 해탈의 가능성을 설명하기 위하여 서로 상반되는 것으로 제시된 상호 의존적인 이원론으로 해석할 수 있다. 이를 흔히 맹인과 절름발이의 이야기를 예로 들어 설명하곤 한다. 즉, 불타고 있는 장소에서 맹인과 절름발이가 모두 빠져나오기 위해서는 각자의 힘으로는 불가능하며 그 둘의 힘이 합쳐져야 가능한 것과 같이, 뿌루샤와 쁘라끄리띠는 해탈을 위하여 서로 접촉한다고 설명한다.

요가는 샹캬의 이러한 세계관을 기본적으로 공유한다. 즉, 뿌루샤와 쁘라끄리띠의 이원론으로부터 출발하고, 또 (정확히 언제 뿌루샤가 쁘라끄리띠에 개입되게 되었는지에 대해서는 설명하지 못하지만) 두 학파 모두 다른 인도 학파와 마찬가지로 이 바람직하지 않은 속박을 끝낼 수 있다고 제시한다. 또한 이 세상에 여러 즐거움이 없는 것은 아니지만 시간과 공간의 제약 안에 놓여진 존재는 궁극적으로는 한계성을 지닐 수밖에 없다는 점에서 고통스러운 것으로 파악한다. 그리고 뿌루샤와 쁘라끄리띠의 분리를 통해 고통이 제거된 지극히 행복한 상태에 이를 수 있다고 한다. 또 뿌루샤의 수는 무한대이며 각각의 영적인 존재는 개인의 노력으로 물질의 속박에서 해방되어야 한다고 주장한다. 해방된 영혼의 최종 상태는 물질적 접촉에서 완전히 자유롭고, 해방된 다른 영혼과 어떤 소통도 없으며, 이 상태에서 영혼은 자신을 물질적 존재로 착각하는 무지에서 벗어나 본래의 순수성, 자명함, 자유를 회복한다는 것이다(Bhattacharyya, 1983 : 53).

그러나 요가는 몇 가지 점에서 샹캬와 중요한 차이를 보인다. 첫째, 해탈의 달성을 위해서는 인식론적인 방법만으로는 충분하지 않으며 실천적인 수행을 통해 깨달음을 얻는 것이 중요하다는 점을 강조한다. 신비주의의 일반적인 특성처럼 요가 사상 역시 이성적인 지식이 아니라 몸과 마음의 수행을 통한 경험적 자각을 진정한 앎의 도구로 파악하는 것이다. 따라서 무언가를 단순히 이론적이고 개념적으로 아는 것만으로는 인간을 완전한 자유의 경지로 이끄는 진정한 앎을 얻을 수 없으며 몸의 실천과 마음의 자각을 통하여 진정한 앎(지식)이 얻어진다고 보고 있다.

또 다른 차이는 요가가 뿌루샤 개념을 우주적 영혼인 신, 곧 이스와라(Iswara)로 상정하는 유신론 형태를 취하고 있고 이 신과의 합일을 통한 해탈을 추구한다는 점이다. 그러나 요가에서도 우주는 쁘라끄리띠의 전변으로 이해되기 때문에 요가의 신 개념은 창조주나 파괴자로서의 신은 아니다. 메시(Masih, 1983 : 138)는 힌두교도들이 최고의 종교경험으로 간주하는 요가는 융이나 프로이드 계열의 심리학보다도 더 심층심리학적이라고 지적하면서 요가가 스스로의 노력으로 특정 종류의 심층 경험에 이르는 실천적 장치이기 때문에, 이러한 심층심리학에 신의 자리는 존재하지 않는다고 지적한다. 그는 빠딴잘리 요가가 신을 언급하고는 있지만 여기서 신은 심리적인 도움을 받는 대상일 뿐 우주의 창조주나 유지자가 아니라고 주장한다. 쉽게 말하면 신은 요가 수행에 도움을 주는 명상(정신 집중)의 대상으로 이해된다고 할 수 있다.

그렇다면 우주적 뿌루샤(영혼)인 신이 해탈자의 뿌루샤와 다른 점은 무엇일까? 그것은 신이 원초적으로 자유로운 최고의 뿌루샤라는 점이다. 이 신의 소리 상징이 오움(Om, 또는 Aum)이고, 이는 요가 명상수행에서 자주 사용된다. 요가는 인간의 개별 영혼과 우주적 영혼인 신과의 합일을 추구하고 이를 심신의 수행이라는 실천적 방법을 통해 달성하려 한다. 이것이 샹캬와의 차이점이다. 따라서 요가 철학은 형이상학적인 문제보다는 해방의 구체적인 방법들을 보여주는 데 주목적을 두고 있다.

샹캬와 결합된 요가 철학은 힌두 철학에 커다란 영향을 미쳤고 『마누 법전』 『마하바라따』 『뿌라나』 그리고 『딴뜨라』 등 후기 종교 문헌들에도 영향을 주었다. 이 점에서 마하데반(Mahadevan, 1956 : 130)은 고전시기에 요가가 샹캬 철학과 관련되게 되었지만 요가의 마인드 컨트롤(mind control) 방법은 모든 철학파의 공통 유산이라고 지적한다.

고전 요가의 기본 사상 : 마음작용의 제거

요가의 기본 사상을 이해하기 위한 가장 중요한 개념은 칫따(citta)이다. 빠딴잘리는 『요가 수뜨라』에서 요가를 'citta-vrittinirodhah'로 정의했다. 그 뜻은 (인간이 본래 지니고 있는 뿌루샤, 곧 순수의식을 방해하는) 'citta(에고의식의 복합체, 곧 마음)'[4]의 'vritti(파동 또는 변형, 작용)'를 'nirodha(금지, 억제)'하는 것이다. 쉽게 표현하면 마음의 작용(또는 현상의식)과 그 마음의 작용을 만들어내는 것을 없애는 것이다. 따라서 요가를 마인드 컨트롤 방법으로도 정의할 수 있다.

요가 철학에 의하면 이 칫따는 우주의 원초적 질료인 쁘라끄리띠의 첫 전개물(샹캬 철학의 마하뜨나 붓디에 해당)로 쁘라끄리띠의 세 구성 요소인 따마스, 라자스, 사뜨와로 구성되어 있고, 그 결합 상태는 라자스와 따마스보다 사뜨와가 우세한 상태이다. 여기서 인도 사상이 에고의식의 복합체로서의 마음을 물질로 이해하고 있음을 알 수 있다. 이 세 구나의 작용에 따라 마음(의식)은 다섯 유형의 상태로 변형된다. 요컨대 경험세계에서 칫따는 항상 브리띠(vritti)라 불리는 마음 상태(인식 상태의 지속적인 흐름)로 존재하며 우리 마음(또는 현상의식)의 다양한 상태 모두를 포괄하고 있다고 할 수 있다.

구체적으로는 게으르고 나태한 상태(따마스가 강함, mudha), 불안정하게 대상에서 대상으로 옮겨 다니는 지속적으로 산란한 상태(라자스가 우세, ksipta), 때때로 안정되나 역시 불안정하고 주의산만하며, 특히 감각적 즐거움을 얻는 데 열중한 상태(라자스가 약하고 사뜨와가 우세, viksipta), 한 점에 집중한 상태(사뜨와만 지님, ekagra), 직관적 상태(모든 마음작용이 자제되거나 소멸된 상태, niroddha) 등이다. 앞의 세 상태는 요가에 도움이 되지 않고, 한 점에 집중한 상태는 요가의 마지막 세 단계에서 중요하다.

이렇듯 마음(의식)이란 그것의 상태들과 분리할 수 있는 것이 아니므로 마음 자체와 그 상태를 구별할 수는 없다.

그러나 요가는 변형 이전의 칫따와 변형된 칫따를 원인-칫따(karana-citta)와 결과-칫따(karya-citta)로 구분해 설명한다. 본래 칫따는 널리 퍼져 있고, 수가 무한하며, 수많은 뿌루샤와 연관된다. 이 칫따를 원인-칫따라 부른다. 이 칫따가 몸과 연관되게 되면 몸의 크기에 따라 수축과 팽창을 해서 뿌루샤가 동물의 몸, 인간의 몸, 신의 몸 등에 있을 때 점차 확장된다. 이 수축·팽창하는 칫따가 결과로서의 칫따(스스로를 의식의 상태로 드러냄)이다. 굳이 비교하자면 서구의 의식개념과 유사하다. 이것의 작동 성질과 범위는 업보에 의해 규정된다. 따라서 요가 수행자는 현 마음작용을 멈추게 하는 것뿐 아니라 새로운 사고나 행위를 낳을 수 있는 잠재력이나 경향 역시 제거해야 한다(Bhattacharyya, 1983 : 58).

사후 원인-칫따는 뿌루샤가 얻은 업의 결과로 형성된 새로운 몸(즉, 재생된 몸)에 나타나게 되는데, 이것이 몸을 지니는 것은 아니고 몸의 크기에 따라 수축·팽창하는 결과-칫따로 나타난다(Dasgupta, 1987 : 93). 요가의 목적은 결과-칫따가 그 다양한 상태들에서 점차 물러나서 그것 본래의 순수하고 변형되지 않은 상태인 원인-칫따로 돌아가도록 하는 것이다. 그래서 칫따가 순수해지면 뿌루샤가 스스로를 의식하게 되고 쁘라끄리띠의 속박에서 해방된다는 것이다.

요가의 설명에 따르면 순수의식인 뿌루샤가 마음에 투영되어 마음이 지각을 하게 되면 마음의 작용이 일어나게 되고, 이 마음의 작용으로 뿌루샤가 자신을 행위의 주체자인 몸, 곧 쁘라끄리띠와 같은 것으로 인식하는 오류를 범하게 된다. 그리고 이로 인해 다양한 경험을 겪게 된다. 즉, 칫따가 뿌루샤로 하여금 자신을 칫따와 동일시하게 만들어 스스로를 경험과 인식과 행위의 주체자로 느끼게 만든다는 것이다. 이 주체자 의식을 에고의식이라고 할 수 있다. 에고의식에서 전개되어 나오는 모든 의식 상태는 나라는 인식을 수반한다. 그리고 욕망과 열정의 분출로 이 개별 에고는 평온한 휴식을 취하지 못하고 자아를 신체(몸)와 동일시하는 오류를 범하게 되며, 본능적으로 생에 집착하고 죽음을 두려워하게 된다. 따라서 뿌루샤, 즉 자아를 해방시키기 위해서는 마음의 변형(작용) 과정이 멈춰져야 한다는 것이다.

요가가 말하는 마음의 변형에는 다섯 가지가 있다. 첫째 타당한 지식(pramana)이다. 이것은 명백한 사고로, 직접 관찰과 믿을 만한 정보에 근거하여 정확하게 추론한 결과 얻어진 것이다. 요가가 시인하는 타당한 지식의 세 근원은 인식과 추론과 권위이다. 인식은 먼저 감각기관이 대상에게 가서 그것의 형상을 띤다. 그리고 끝으로 붓디가 그것을 과거의 경험에 비추어 해석한다. 중요한 것은 감각기관이 대상에게로 가서 그것의 형상을 띤다는 것인데, 그렇기 때문에 감각기관이 대상에서 철수되면 대상이 인식되지 않을 뿐만 아니라 칫따 자체가 철수한 채 남아 있을 것이다. 따라서 요기가 순수의식을 칫따(아함까라)에서 거둬들이는 데 성공하면 뿌루샤는 변화의 세계에서 떨어져 나와 변하지 않는 의식으로서의 그 본래 지위를 되얻게 된다는 것이다. 둘째는 거짓 지식(viparayaya)이다. 이것은 혼돈된 사고로, 실제와 일치하지 않는 잘못된 인식이나 의혹을 포함한다. 셋째는 언어적 지식(vikalpa)이다. 이것은 말에 근거한 지식으로 실재와 객관적으로 일치하지 않는다. 상상 상태도 포함된다. 넷째는 잠과 꿈(nidra)인데, 이는 의식이 외부세계로부터 자동적으로 퇴거한 상태이다. 마지막으로 다섯째는 기억(smriti)이다. 이것은 경험을 올바로 재수립한 것으로 칫따에 저장된 과거 대상에 대한 인상이다(Yoga Sutra, Book1. Sutra 5-11). 요가에 의하면 이러한 경험적, 현상적 지식을 얻게 되는 모든 통로가 닫혀야 한다는 것이다.

마음의 작용(변형)은 (조금 쉽게 일상적인 용어로 설명해보면) 일상의식과 무의식의 활동에 의해 만들어진다. 즉, 감각 기능의 작용으로 생겨나는 일상의식과 모든 자기중심적인 행위, 활동, 의도들의 모태가 되는 무의식의 활동으로 인해 불안정하고 이분법적인 구분을 하는 의식의 상태에 놓이게 된다는 것이다. 고전적 의미의 요가는 이러한 불안정한 상태를 불러일으키는 요인들을 통제, 지배, 제거하여 어떠한 제약도 지니지 않는 통일된 순수의식(초월의식, 신비의식) 상태에 이름으로써 완전한 자유의 경지에 들기 위한 수행방법이다. 그렇다면 요기(Yogi), 즉 요가 수행자들은 구체적으로 어떻게 이 상태에 도달하려 하는가? 그 대답은 지속적인 노력(abhyaasa)과 평정함(vairaagya)을 통해서이다. 보다 구체적으로는 고전 요가의 여덟 단계의 수행 과정을 통해서이다.

빠딴잘리 요가 수행의 여덟 단계

영적 수행으로서의 요가는 오랜 기간 동안 끈기 있는 노력을 기울여야 하는 매우 힘겨운 수련방법이다. 요가 수행자들은 순수의식을 가리는 마음의 산만한 작용을 없애기 위하여 먼저 하나의 대상에 정신을 집중시키는 일, 즉 정신 통일을 시도한다. 이는 대상에 의해 발생하는 모든 심리적·정신적 작용을 통제하려는 것으로, 이를 통해 감각기능과 무의식의 활동에 의한 마음의 작용을 자유자재로 지배할 수 있는 능력을 얻게 되고 궁극적으로는 통일의식 상태, 즉 사마디(Samadhi, 삼매)의 경지에 이른다고 한다. 빠딴잘리는 이러한 과정을 수행의 여덟 단계로 제시했다.

첫 두 단계는 본격적인 요가의 준비 단계로 윤리적인 수행에 해당한다. 이는 개인이 욕망의 제거를 통해서 몸과 마음을 정화시키고 사회와 다른 생명체들 그리고 신과의 조화로운 관계를 구축하려는 시도이다.

우선 (1) 야마(Yama, 禁戒)는 아힘사(Ahimsa, 불상해, 살생 금지), 사뜨야(Satya, 진리를 말하고 거짓을 말하지 않는 것), 사떼야(Sateya, 불탐욕, 훔치지 않는 것), 브라흐마챠르야(Brahmacharya, 성적 절제), 아빠라그리하(Aparagriha, 탐욕 금지)의 계율을 지키는 것으로 불교의 다섯 계율과 유사하다. 아힘사는 생각으로든 말로든 행동으로든 타자에게 해를 끼치거나 고통을 안겨줘서는 안 된다는 계율이다. 심지어는 자기방어를 위해서 타자를 해쳐서도 안 된다. 사뜨야는 생각, 말, 행동에서의 일치를 의미하는데 여기서 진리가 반드시 사실과 동일한 것은 아니다. 사실을 말함으로써 타인에게 결과적으로 상처를 주는 것이면 힘사(himsa), 곧 상해가 된다. 즉, 의미 없는 고통을 유발시키는 불쾌한 사실은 말하지 않는 것이 좋다는 것이다. 예를 들어 타인의 결점이 어느 누구에게도 해가 되는 것이 아니라면 그것을 감싸고, 그에게 도움이 될 상황에서만 사적으로 말하는 것이 좋다(Rasman, 1991 : 7). 사떼야는 자기 것이 아닌 물건을 탐하지 않는 것이고, 아빠라그리하는 절제된 삶을 위하여 대상을 획득하거나 소유하거나 즐기려는 욕망을 버리는 것이다. 브라흐마챠르야는 몸과 마음 모두에 있어서 성적인 절제를 하는 것이다. 인도 사상은 정신적 수행과 관련하여 생식능력에 보존된 에너지를 매우 중시해왔다. 따라서 이 에너지의 소진을 가져오는 성행위는 물론 성욕도 억제하려 한다.

둘째 (2) 니야마(Niyama, 勸戒)는 야마가 특정 행위들을 금하는 것과는 달리 좋은 습관을 키우도록 권고하는 계율이다. 사우차(Saucha, 정결함), 산또샤(Santosha, 만족), 따빠스(Tapas, 고행), 스와댜야(Swadhyaya, 경전 연구), 이스와라쁘라니다나니(Ishwarapranidhanani, 신에 대한 절대적인 봉헌) 등이 포함된다. 몸을 정결하게 하는 사우챠의 목표는 몸에 대한 정확한 이해를 하고 그것에 그리 집착할 필요가 없다는 것을 알게 하는 것이다. 산또샤는 소유와는 무관하게 행복할 수 있는 능력을 키우는 것이다. 따빠스는 몸과 마음의 인내력을 키우는 것이다. 따빠스는 때로 이상한 요가 자세를 취하거나 몸에 고통을 가하는 것으로 오해되는데 이것은 결코 따빠스가 아니다. 스와다야는 요가 수행자가 신성한 사색을 하도록 해주고 이것이 다시 (그를) 명상 단계로 이끈다. 이스와라쁘라니다나니는 에고를 제거하여 자아가 영적인 진보를 하게 해준다.

이어지는 단계는 몸과 호흡과 감각을 지배함으로써 마음의 수행이 원활히 이루어지도록 하는 과정이다. 먼저 (3) 아사나(Asana, 坐法)는 쉽게 말하면 요가식 몸자세로 편안하고 안정된 몸자세이자 명상자세이다. 우리가 일반적으로 알고 있는 요가가 바로 이 아사나 체위들이다. 수행을 통해 생리적 과정을 조정함으로써 자유자재로 몸을 통제하게 되고 의식의 흐름에 주의를 집중할 수 있게 된다. 즉, 신체적 제약성을 뛰어넘어 의식(마음)이 방해받지 않도록 한다. 여기부터가 엄밀한 의미에서 요가 수행의 시작이다. 전통적으로는 정신적 스승인 구루의 지도를 받아 배운다.

다음 단계인 (4) 쁘라나야마(Pranayama, 調息法)는 쁘라나, 곧 호흡을 조절하여 마음을 통제하려는 호흡법이다. 그런데 사실 쁘라나는 우리 몸을 순환하고 있는 생명력이다. 흔히 호흡으로 번역되기는 하나 호흡보다는 기능 면에서 더 활력 있고 작용 면에서 더 포착하기 힘들다(Raman, 1991 : 15). 여기서는 편의상 호흡으로 지칭하기로 한다.

불규칙한 호흡은 마음의 산만함을 가져오고 이로 인해 주의력이 산만해지고 결국 불안해진다. 그래서 완만하고 규칙적인 호흡을 통해 호흡이 자동으로 이루어지게 하고, 궁극적으로는 호흡 자체를 의식하지 않게 됨으로써 수면과 흡사한 의식 상태에 이르게 된다. 이를 위해 숨을 들이쉬고, 보존하고, 내쉬는 호흡 주기를 길게 하는데, '들숨 - 숨 보존 - 날숨' 가운데 가능한 한 길게 호흡을 멈추고 숨을 유지하려 한다. 숨의 보존을 길게 하려면 되도록 호흡을 길게 해야 하고 가능한 한 오랫동안 호흡을 중지해야 한다. 호흡 중지는 그 자체가 목적은 아니고 그것이 정신 집중에 도움이 될 때에만 유용하다. 이 역시 자격 있는 구루(스승)를 통해 배워야 한다.

(5) 쁘라따하라(Pratyahara, 制感)는 우리의 감각을 대상에서 거둬들이는 훈련이다. 이는 대상에 대한 감각기관의 작용에 근거하여 사물을 인식하는 상태에서 벗어나기 위한 것이다. 지속적으로 훈련을 하게 되면 외부 대상에 의한 감각작용을 중단하려는 습관이 들게 되고 내면을 들여다보게 된다.

마지막 세 단계는 심리적 수행의 단계로 이 세 단계는 유사성이 커서 총제(Samyama)로 총칭하기도 한다. 이는 감각을 벗어나 있는 모든 지식을 얻는 방법이다. 처음 다섯 방법이 명상을 위한 외적인 도움(외부의 작용과 무의식 활동에서 자유롭게 됨)이라면 이 세 단계는 자아실현을 위한 내적인 도움이라고 할 수 있다.

(6) 다라나(Dharana, 凝念)는 마음(citta)을 한 곳에 고정시키는 것이다. 단일 대상에 대해 정신을 집중(통일)하고 명상한다. 명상의 대상으로는 코끝, 혀끝, 미간, 배꼽 중심 등 신체

의 특정 부위나 신상, 만달라(Mandala, 우주의 도형적 표상), 얀뜨라(Yantra, 신을 상징하는 도형) 등을 선택할 수도 있고 원초적 구루이자 내 안의 아뜨만인 신의 이름이나 오움과 같은 만뜨라(Mantra, 신성한 구절)를 낭송하며 명상할 수도 있다. 이 수행법은 이 대상 저 대상으로 이리저리 떠도는 마음의 움직임을 안정시키기 위해, 즉 의식이 대상에 의해 사고하는 것을 차단하기 위해 지속적으로 하나의 대상에 집중하도록 훈련하는 것이다.

(7) 디야나(Dhyana, 靜慮)는 대상에 대해 깊이 명상하는 상태이다. 명상하고 있는 대상이 수행자의 전 마음을 채우고 통일된 사고의 흐름을 형성하며, 그리하여 대상의 본질 속으로 침투하여 동화된다. 이 단계에 이르면 노력 없이도 정신 집중이 되고 마음의 작용이 거의 사라진다.

(8) 사마디(Samadhi, 三昧)는 요가 수행의 최종 단계이다. 사물을 직관하는 관조의 경지로 명상의 대상과 주체가 완전히 일치하는 하나가 된다. 그리하여 인격성과 개체성이 해체되고 대립적인 이원성을 초월하는 통합된 순수의식 상태에 이른다. 이때 마음의 모든 기능이 멈춘다. 이 상태는 최면 상태와는 다르다. 인도 심리학은 최면 상태를 의식의 흐름이 마비된, 순간적인 정신 통일 상태로 간주한다.

사마디는 또 두 형태로 구분된다. 앞서 언급했듯이 빠딴잘리는 마음의 다섯 상태(chitta-bhumi, 즉 ksipta, mudha, viksipta, ekagra, niroddha)를 언급했는데 이 중 마지막 두 상태가 요가에 도움이 된다. 에까그라 단계는 마음의 기능이 완전히 멈춘 것은 아니지만 특정 대상에 대한 명상에 깊이 몰입하여 명상의 대상을 명료하게 의식하는 상태이다. 이를 유상삼매(有想三昧, samprajnata Samadhi)라 부른다. 니로다 상태는 자아에 정신이 집중되어 마음의 기능이 중단되고 주체와 객체를 구분하는 구분의식이 사라진 상태이다. 마음이 모든 기능을 멈추었기 때문에 마음을 통해 알려지는 것이 아무것도 없는 본연의 정적 상태에 이른다. 이를 무상삼매(無想三昧, asamprajnata Samadhi)라 부른다. 두 상태 모두 요가에 도움이 되고 마지막 상태가 요가의 궁극적인 목표이다.

초능력(siddhi)

마지막 세 수행 단계 그러니까 총제(Samyama) 과정에서 텔레파시, 과거 생의 기억, 사전인지, 독심술 등과 같은 초능력, 즉 싯디를 얻기도 하는데 이 싯디는 몸과 마음뿐 아니라 자연의 힘도 조종할 수 있는 능력이다. 감각을 정복한 이는 이 세상이 마야(Maya, 미혹적 창조력)라는 것을 깨닫게 되어 그것을 조작하는 창조력을 얻게 되고 자유자재로 여러 형태를 취하거나 자신을 사라지게 할 수도 있다고 한다. 인도에는 산 크기만큼 커지거나 낟알처럼 작아지기도 하고, 몸에서 불을 만들어 내거나 다양한 형상을 취하기도 하며, 별을 여행하거나 다른 세계를 방문하기도 하는 등 싯디와 관련된 많은 이야기들이

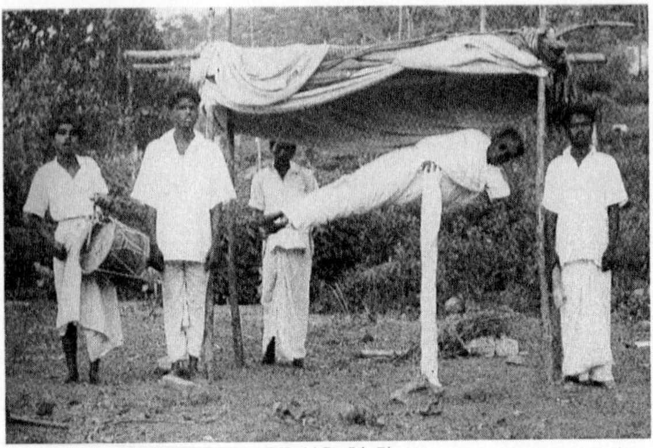
공중 부유 초능력.

있다.

대중 종교에서는 요기들의 정신적 추구보다는 초능력을 더 많이 언급하지만 요가의 전통 저술들은 싯디의 유혹에 빠지는 것을 경계하고 있고, 요가 수련자에게 이 초자연력을 얻으려고 애쓰기보다는 수행의 자연스런 결과로 받아들이도록 권고한다. 예컨대 『요가 수뜨라』는 요가 수행을 통해 초능력, 그러니까 독심술, 은신술 등의 신통력이 생겨나는 것을 보여주고는 있지만 이는 수행 과정에서 부가적으로 생겨나는 것이지 요가의 궁극적인 목적은 아니라고 강조한다. 실제로 힌두교와 불교의 수행자들은 이러한 초능력을 정신 수행의 장애로 간주했다. 왜냐하면 모든 요가의 궁극적인 목적은 까이발랴(kaivalya), 곧 물질로부터 영혼을 해방시키는 해탈이기 때문이다. 해탈을 지칭하는 요가와 상캬의 명칭인 이 까이발랴는 인간이 자신의 신성을 경험하고 인식하는 상태이다. 신성은 완전성을 의미한다. 이 상태가 한번 달성되면 인간의 물질적 요소(신체와 마음)가 사라져서 모든 욕망이 부재하게 되고 자아(영혼)만이 남아 평정함과 지극한 행복을 향유한다고 한다.

이러한 고전 요가의 수행법과 붓다의 팔정도는 가장 고도로 체계화된 신비훈련 기술이라고 할 수 있다. 이 요가의 목표와 방법이 매우 엘리트적인 성격을 띠고 있음에도 넓은 호소력을 지속적으로 지니며 많은 이들을 끌어들일 수 있었던 요인 중의 하나는 복잡하고 값비싼 의례를 행하는 사제의 존재가 필요 없는 개인적인 수행방법이었기 때문인 듯하다.

요가의 여러 유형 : 동일한 목표에 이르는 다양한 길

앞에서 다룬 빠딴잘리 요가(또는 라자 요가)가 요가의 고전적 전형이자 좁은 의미의 요가로 이해되고 있다면 넓은 의미의 요가, 그러니까 해탈을 달성하는 방법으로서의 요가에는 여러 형태가 있다. 인도의 종교문화는 개인의 다양한 종교적 욕구와 능력에 맞도록 여러 형태의 요가를 발전시켜왔다. 주요한 것들로는 갸나 요가(Jnana yoga), 까르마 요가(Karma yoga), 박띠 요가(Bhakti yoga), 하타 요가(Hatha yoga), 꾼달리니 요가(Kundalini yoga) 등이 있다.

갸냐 요가 : 지혜의 요가

해탈에 관한 인도의 고전적인 이론들은, 인간이 본래 완전하게 자유로운 본질을 지니고 있음에도 이를 깨닫지 못하는 무지로 인해 세상의 모든 불완전성이 생겨난다고 보았다. 그렇기 때문에 자신의 '참' 본질을 깨닫게 되면 모든 불완전성에서 벗어나 완전함의 경지인 해탈에 이를 수 있다고 믿었다. 따라서 그들이 제시하는 길은 우주와 인간의 본질을 아는 지식의 요가, 즉 갸나 요가(Jnana yoga)였다. 그러나 '지식'이란 말이 갖는 한계적 이미지 때문에 흔히 지혜의 요가로 지칭된다.

이 요가의 가장 고전적인 형태는 고대 힌두 문헌인 『우빠니샤드』(특히 『*Kena Upanishad*』)와 『바가바드기따』에 구체화되어 있고 『요가 수뜨라』에도 나타난다. 특히 중세 철학파인 아드바이따 베단따(Advaita Vedanta, 不二 一元論) 학파에서 주요 수행법으로 채택해왔고, 그 밖에도 힌두 종파인 카쉬미르 샤이비즘(Kashimir Shaivism)과 사이바 싯단따(Saiva Siddanta) 등에서도 이를 수행법으로 사용했다. 이 요가는 선종과 남방 불교의 비파사나 전통에서도 매우 유명한 수행법이다(Frawley, 1992 : 120). 그리고 현대 스승들로는 우리에게도 알려져 있는 라마나 마하리쉬, 비베까난다, 라마 띠르타, 크리슈나무르띠 등을 들 수 있다.

이 요가의 가장 기본적인 실천은 자기 본질에 대한 물음과 추구를 통해 자신의 참 본질에 대한 지식을 얻는 것이다. 그러나 여기서 말하는 지식은 우리가 일상적으로 생각하는 지식과는 구분된다. 이것은 이성적, 다시 말해 지적인 지식이 아니라 실제적인 경험을 통하여 체득되는 진리에 대한 체험적인 자각, 곧 영적인 통찰을 의미한다.

인도 사상에서는 지식을 낮은(열등한) 지식(apara jnana)과 높은(우월한) 지식(para jnana)으로 구분하여 정의한다. 낮은 지식인 아빠라 갸나는 쉽게 말해 외부세계, 곧 경험세계에 관한 지식을 의미한다. 감각과 이성을 통해 얻은 정보에 근거해서 형태와 이름이 있는 세상의 대상들을 인식하고 그들을 사용하는 방법을 배운다. 이러한 지식은 삶의 외적 측면을 다루는 데 유용하다. 이 분류에 따른다면 모든 학문은 낮은 지식의 형태들이 된다. 모든 2차적 지식과 영적 가르침의 개념적, 이론적 지식마저도 외적 지식으로 분류된다(Frawley, 1992 : 117). 인도 사상에 의하면 이러한 형태의 지식은 불완전한 우리의 감각과 이성에 토대를 두고 있다는 점에서 제한적이고 피상적인 것으로 평가된다. 대상 세계를 다루는 방법을 제공해주기는 하지만 그들의 본질적 존재에 대해서는 알려주지 못한다는 것이다.

반면에 높은 지식인 빠라 갸나는 경험계의 모든 다양성과 상이성을 초월해 있다고 전제되는 절대적 실재와 인간의 본질에 관한 지식을 지칭한다. 이 지식을 통해 완전함의 경지에 이를 수 있다는 것이다. 따라서 이 지식은 이론이나 정보의 문제가 아니고 의식 자체에 관한 지식이다. 낮은 지식이 외부 사물에 대한 관찰에 근거하는 지식이라면 높은 지식은 자기 관찰에 토대를 두는 지식이다. 다시 말해 우리의 마음은 시간, 장소, 인과관계에 입각해서 사고를 하는데 이것이 마음의 내적 구조이다. 반면에 마음을 관찰하면 마음의 구조와 한계를 넘어서는 능력을 얻게 되고 그러면 시공의 한계에서 자유로워져 점차 절대적 존재를 알게 된다는 것이다. 마음을 통해 사물을 바라본다는 것은 그것에 대한 관념, 판단, 견해에 사로잡히게 되는 것인 반면에 사물을 직접 관찰하는 것은 모든 것 속에서 하나를, 하나 속에서 모든 것을 발견하는 것이라 설명한다.

인도에서 만났던 사람들 가운데 인도 사상과 관련하여 가장 깊은 인상을 받았던 뜨리빠띠 교수 역시 지식의 이 두 형태를 요가와 관련지어 설명했다. 그는 인식에는 두 종류, 즉 일상적인 인식과 요기들의 인식이 있는데, 마음과 감각기관의 작용에 근거하여 분화된 다양성의 세계를 인식하는 일상적인 인식은 제한적인 지식(vikalpa)이고 전체를 인식하는 통일적인 인식은 명상, 곧 요가를 통해 얻을 수 있다고 했다. 그렇다면 요가란 무엇인가? 그는 요가란 기이하고 기적 같은 현상을 보여주는 마술이 아니라 몸과 마음을 정화하는 방법이라고 말한다. 감각기관과 마음의 정화를 통하여 명칭과 형태 그리고 기능상의 차이를 보이는 분화된 현상계에 대한 인식을 뛰어넘어, 현상계를 넘어서 있는 통일성의 세계를 꿰뚫어 볼 수 있어야 한다는 것이다.

따라서 이 요가의 목표는 마음의 사고와 관찰자의 의식, 쉽게 말해 사고하는 상태를 넘어서서 보는(관찰하는) 상태에 이르는 것이다. 다시 말해 이론적 또는 실제적 정보를 얻으려는 것이 아니라 삶의 주요 문제들을 깊이 숙고하는 명상을 실천하려는 것이다. 그래서 영적인 지혜를 지닌 이와 철학자는 아주 다르다. 여기서 지혜는 자각의 상태 그 자체라고도 할 수 있다. 따라서 어떤 대상도 없고, 목적을 추구하지도 않으며, 책에 의존하는 것이 아니라 순간순간 삶의 메시지를 읽는다(Frawley, 1992 : 119).

빠딴잘리의 요가 정의, 곧 마음의 사고작용을 멈추게 하는 것, 이것은 지혜의 요가가 추구하는 바와 같다. 요가의 주요 진술은 간단하다. '너 자신을 알라'이다. 그러나 이것이 외적인 지식을 의미하는 것은 아니다. 사물에 대한 모든 설명은 마음에 속하는 것이며, 진리는 말로 표현될 수 있는 것이 아니라 관찰의 상태에서 경험되어져야만 한다는 것이다. 따라서 지혜의 요가는 우리의 마음과 습관적인 사고 과정을 넘어설 것을 요구한다.

지혜의 요가가 추구하는 높은 지식을 얻기 위해서는 다음의 두 단계를 밟아야 한다. 첫 단계는 도덕적·지적·정서적 준비 단계로, 영원한 것과 영원하지 못한 것을 구분하고 모든 이기적인 추구를 버리며, 평정함·절제·무집착·명상·신앙 등의 덕목을 개발하고, 해탈에 대한 깊은 갈망을 갖는 것이다. 이 네 가지 자격 요건을 갖춘 이는 적절한 구루의 지도를 받아 베단따 문헌들[5)]을 연구한다.

두 번째 단계는 베단따 문헌들을 연구하고 그것에 대해 성찰하는 것이다. 이는 단순한 지적 연구가 아니라 의미를 깨단는 과정이라고 할 수 있다. 즉, 그것이 왜 진리인지를 이해하려 노력한다. 그러나 이를 통해 확신을 갖게 되었다 해도 옛 사고 습관이 방해가 될 수 있기 때문에 이를 극복하기 위해 깊은 명상이 필요하다. 이러한 점차적인 과정을 통해 자아에 대한 이론적 지식에서 한 걸음 더 나아가 직접적인(직관적인) 인지를 하게 된다. 이 지식을 얻게 되면 몸을 지닌 채 해방을 얻는 지반묵따(jivan-mukta)가 되는 것이다(Mahadevan, 1956 : 95-96). 이는 진리에 다가가는 신비주의적 접근의 전형을 보여준다.

이 지혜의 요가는 전통적으로는 브라만, 크샤뜨리아, 바이샤 등 세 상층 카스트에게만 허용되고 여성과 하층 카스트에게는 허용되지 않았다. 그러나 후기 힌두교는 이들까지도 포용할 수 있는 보다 대중적인 해탈의 길을 제시하였는데, 그것이 바로 박띠 요가(Bhakti yoga)와 까르마 요가(Karma yoga)이다. 이들 셋이 힌두교가 제시하고 있는 완전한 자유에 이르는 세 가지 길이다.

박띠 요가 : 봉헌의 요가

박띠 요가는 신에게 헌신적인 봉헌과 사랑을 바침으로써 신과 신뢰와 사랑의 관계를 맺고, 궁극적으로는 신과의 합일을 통하여 완전한 자유의 경지에 이르고자 하는 요가 형태이다. 힌두교는 일원론적 다신 신앙 형태를 취하는데, 힌두교도들은 하나의 근원적 실재가 자신을 다양한 형태로 인격화시킨 것이 여러 신들이라고 주장한다. 이 '하나의 신의 다양한 나타남'에 대한 인식은 남녀노소나 계층과 무관하게 아주 확고하고도 폭넓게 자리잡고 있어서, 신들의 수나 상이성은 그들에게 아무런 문제가 되지 않는 것처럼 보인다. 박띠는 이들 신에게 정서적으로 다가감으로써 해탈을 추구하는 용이한 해탈의 길로, 대중들의 종교적 욕구를 가장 잘 충족시킬 수 있는 방법이라고 할 수 있다.

박띠 경전의 저자인 나라다(Narada)는 박띠를 '신에 대한 깊은 사랑'으로 정의했다(Mahadevan, 1956 : 89). 신은 종종 사랑으로 정의된다. 박띠에 따르면 사랑도 지식처럼 보다 높은 사랑과 낮은 사랑으로 구분할 수 있다. 낮은 형태의 사랑은 성적인 욕망 또는 외부 사물에 대해 집착하는 욕망, 즉 사랑받고자 하는 욕망이고 외부에서 사랑을 구한다. 높은 형태의 사랑은 신·진리·삶에 대한 사랑으로, 기꺼이 사랑을 주고자 하며 안에 있는 사랑의 근원으로 가고자 한다(Frawley, 1992 : 121). 즉, 진정한 자아가 신에게 모든 것을 바치는 과정을 통해 사랑의 근원인 신과 직접적으로 접촉함으로써 자유로움에 이르게 된다는 것이다. 워터스톤(Waterstone, 1995 : 86)은 박띠의 이러한 접근법을, 드러난 세계를 미망으로 보아 벗어나려 하기보다는 그것을 신의 드러남으로 보아 끌어안는 태도로 보고 있다.

박띠 수행자인 박따(Bhakta)가 신과 맺는 사랑의 관계는 열

아홉 가지가 언급되는데, 그 가운데 가장 중요한 여섯 가지를 들어보면, 주인에 대한 종의 사랑, 친구에 대한 사랑, 자식에 대한 부모의 사랑, 부모에 대한 자식의 사랑, 남편에 대한 아내의 사랑 그리고 연인의 사랑이다. 이 중 연인의 사랑이 가장 친밀한 사랑으로 간주되고 흔히 박따들은 신을 자신이 사랑하는 연인으로 여겨서 신과의 합일을 추구한다. 이는 유신론적 신비주의의 전형적인 특성이다.

이 요가는 신상에 대한 예배인 뿌자(Puja), 노래(Kirtan), 신 이름 낭송(Japa), 신의 형상에 대한 명상(Upasana) 등을 행한다. 대개는 자신이 선호하는 특정 신(Ishta Devata)을 정하여 봉헌을 하는데, 그 외에 자신이 선호하는 다른 여러 신들에게도 예배를 드리는 것이 가능하다. 종종 봉헌을 돕기 위해 신상을 사용하기도 하는데, 이는 정신 집중을 위한 상징물로 이해할 필요가 있다. 이들은 봉헌의 길을 따라 걸으면서 모든 것, 모든 곳에 있는 신성한 형상인 사랑하는 이를 발견하기 시작한다. 즉, 신성의 외적 형상에서 존재 자체의 진정한 본성으로 움직여 가서 마침내 인간의 진정한 자아를 실현하게 된다는 것이다(Frawley, 1992 : 121). 때로는 정신적 스승인 구루가 예배의 대상이 되기도 하는데, 이는 그들의 외적인 인격을 숭배하는 것이 아니라 그들 안에 있는 신성한 스승에게 존경을 표하는 것이라 할 수 있다.

힌두교의 핵심을 이해하지 못하는 외부인들, 특히 기독교나 이슬람 문화권의 사람들은 신상 앞에서 간단히 예배를 드리는 힌두 의례인 뿌자를 우상숭배라고 비난해왔지만, 뿌자의 근본정신은 자기를 버려 자신을 정화시키는 것이다. 필자가 인도에서 만났던, 베나레스 힌두 대학에 재직하다가 지금은 정년퇴임을 한 뜨리빠띠 교수와 스바라오 교수의 뿌자에 대한 설명은 박띠의 의미를 잘 말해준다. 뜨리빠띠 교수는 흔히 박띠로 총칭되는 힌두교의 뿌자가 지니는 진정한 의미는 '신에게 자신을 철저히 바침으로써 자신의 에고이즘에서 자유로워지는 것'이라고 말했다. 그에 의하면 자기중심성을 버리고 조화를 이루는 일이 인도인들이 추구하는 목표이며, 이 조화가 바로 이기심 없는 사랑을 의미하는 박띠의 일부이다. 그는 인도 종교와 철학의 핵심적인 목표가 바로 이 에고이즘의 제거를 통한 완전한 자유의 달성에 있다는 점을 강조하려 한 것 같다.

스바라오 교수는 정형화된 종교 의례뿐만 아니라 자신을 정화시키려는 의도로 행해지는 모든 행위가 뿌자일 수 있다고 설명했다. 여기서 정화의 대상은 에고이즘이라고 할 수 있다. 그는 또 학자인 내가 몸과 마음을 정결히 하고 책상 앞에 앉아 책을 읽는 행위를 한다면 그것이 바로 학문과 지혜의 여신인 사라스와띠에 대해 뿌자를 드리는 것과 같다는 비유를 들었다. 그의 이러한 해석은 도구인 형식에 집착하는 것이 아니라 그 안에 담긴 의미를 우리의 삶에 적용하는 일이 우리가 늘 망각하지 말아야 할 핵심임을 말해주고 있다.

인도의 어느 길가에 세워진 조그마한 사당에서 한 남자가 진지한 모습으로 힌두 의례인 뿌자를 드리고 있는 모습을 본 적이 있다. 거기에는 반듯한 사각형 형태의 콘크리트 받침대 하나가 세워져 있고 그 위에 사과 상자 두 개를 겹쳐놓은 크기의 작은 신전이 놓여 있었다. 그 신전의 가운데에는 사각형의 여닫이문이 열려 있었는데, 그 안에 작은 신상이 자리해 있었다. 그 앞에서 뿌자를 드리고 있는 남자는 손에 물을 묻혀 신상과 신전 내부를 깨끗이 닦아내고는 그 신상과 양 옆의 또 다른 상들을 꽃으로 곱게 장식했다. 그리고 가운데 신상 위에 붉은 빛깔의 꽃을 아주 정성스레 얹어놓고 나서 신상 바로 앞과 신전 내부를 손바닥으로 깨끗이 쓸어냈다. 그런 다음 그는 신상 앞에서 합장을 하고 경건하게 예배를 드렸다. 그 모습이 어찌나 진지하고 엄숙하게 보였던지, 그는 마치 명상을 하고 있는 성자와도 같아 보였다. 그의 모습은 단순히 습관적이거나 형식적인 것으로는 보이지 않았다. 내게는 한 인간이 어떤 대상에게 자신이 할 수 있는 최선의, 최대의 것을 진심으로 바치는 행위로 보였고, 아름답다는 느낌마저 받았다.

지금은 고인이 된, 내게 범어를 가르쳐주었던 비물라 박사는 정화된 마음으로 다가가는 이러한 박띠의 방법을 높이 평가했다. 그녀는 인도에는 실재를 보는 두 방법, 즉 머리와 이성으로 바라보고 이해하는 갸냐 요가와 마음으로 다가가는 박띠 요가가 있는데, 갸냐가 덜 지속적이고 덜 명쾌하며 때론 복잡한 느낌까지 준다면, 박띠는 진정하고 순수한 마음으로 다가가고 체험하기 때문에 보다 지속적이며 명쾌하다고 말했다.

까르마 요가 : 행위의 요가

까르마 요가는 행위를 통해서 해탈에 이르려는 요가의 형태이다. 그러나 여기서 말하는 행위는 (우리가 일상적인 개념으로 사용하는) 욕망이 동인이 되는 행위와는 다르다. 모든 행위는 욕망이 내재된 어떤 동기를 갖는다. 인도 사상의 업과 윤회 이론에 따르면 욕망은 행위를 낳고 모든 행위는 업을 낳는다. 그리고 그 결과 생과 재생이 되풀이되는 윤회가 이루어진다. 그런데 삶은 제약성을 지니는 것이므로 윤회는 제약적인 삶의 지속을 의미한다. 이러한 믿음은 세속적인 행위, 더 나아가 극단적으로는 모든 행위를 부정적인 관점에서 이해하게 했다. 따라서 해방을 위하여 행위를 버리거나 세상을 벗어나려는 경향이 초래되었다.

까르마 요가는 세속적인 삶과 행위가 부인되지 않으면서 해탈의 추구가 가능할 수 있도록 '행위를 재해석한 해탈의 길'이라고 할 수 있다. 즉, 본래 모든 행위는 업을 낳기 때문에 인간을 윤회의 굴레 속에 묶어두는 요인으로 인식되었으나 새로운 해석을 통하여 인간을 속박하는 요인을 행위 그 자체가 아니라 행위의 유발 요인인 욕망과 집착으로 해석하여, 제거되어야 할 대상을 행위가 아닌 욕망으로 제시하게 된 것이다. 다시 말해 결과에 집착하지 않고 욕망 없이 하는 행위는 업을 낳지 않을 뿐만 아니라 해방에 이를 수 있는 도구가 될 수 있다는 것이다.

이러한 까르마 요가는 힌두교도들의 성경이라 할 수 있는 『바가바드기따』에서 잘 나타난다. 『기따』는 속박성과 행위의 불가피성 간의 갈등을 행위에 대한 재해석을 통하여 해결하려 했다. 그것이 바로 니스까마 까르마(Niskama Karma) 교리[6]이다. 『기따』에 의하면 행위의 주체자는 모든 존재의 물질적 측면인 몸이며, 이 몸은 구나로 구성되어 있는 쁘라끄리띠이다. 그런데 인간이 자신을 행위자로 동일시하는 것은 구나로 구성된 몸을 자신의 본질로 착각하는 무지 때문이다. 그러나 구나를 초월한 사람은 행위자 의식이 없고 집착도 없다. 따라서 집착 없이, 다시 말해 행위자 의식을 지니지 않고 하는 행위는 속박 효과를 상실해서(업을 쌓지 않아서) 무행위와 동등하게 된다는 것이다. 『바가바드기따』는 행위의 결과에 집착하지 않고 평정한 마음으로 행하는 모든 행위는 업의 법칙에서 자유로울 뿐만 아니라 그것이 바로 최고의 목표인 해탈의 상태에 도달할 수 있는 방법임을 말하고 있다.[7]

『기따』의 이러한 설명은 인간을 속박하는 요인이 행위 그 자체가 아니라 행위의 유발 요인인 욕망과 집착이며, 이것은 인간의 이기적인 자기중심성에서 비롯된다는 말이다. 따라서 제거되어야 할 대상은 행위가 아니라 욕망이 된다. 결국 『기따』는 행위에 대한 이와 같은 재해석을 통하여 세속적인 삶과 행위가 부인되지 않으면서도 해탈의 추구가 가능할 수 있는 길을 열어놓으려 한 것이다. 이처럼 인도인들은 해탈의 추구가 사회의 유지와 지속에 위협적인 요인이 되지 않도록 하기 위해 무집착의 정신을 유지하면서도 삶 속에서 해방을 추구할 수 있는 행위의 철학을 발전시켰다고 할 수 있다(류경희, 1977 : 242-244).

인도 문화가 지속적으로 추구해온 이상적인 인간은 인간의 본질을 실현함으로써 자기완성을 이룬 자이다. 까르마 요가의 수행자는 무집착과 무욕망의 정신으로 자신의 종교적, 사회적 의무를 수행하는 까르마 요기(Karma Yogi)이다. 까르마 요기가 지녀야 할 주요한 자질로는 무엇보다도 평정한 마음(Sthitaprajna)이 가장 강조된다. 우주와 인간의 본질을 이해한 지혜로운 사람은 마음의 모든 욕망에서 자유롭기 때문에 모든 심리적인 갈등과 충돌을 다스릴 수 있는 사람이다. 따라서 까르마 요기는 삶의 어떠한 상황에서도 마음의 평정을 유지할 수 있는 사람을 의미한다. 이러한 평정한 마음 상태에 도달한 사람은 우주의 실재와 인간의 근원적인 통일성을 자각한 사람이므로 이기적인 자기중심성에서 자유로운 사람이다. 따라서 성공과 실패에 초연하고 외부세계의 모든 대상들에 대해서 똑같은 마음의 상태를 유지한다.

또한 그는 모든 생명체를 같은 것으로 여긴다. 예컨대 학식 있는 브라만 계층, 불가촉천민 그리고 암소, 코끼리, 개 등을 똑같이 간주한다(BG, 5 : 18). 이는 우주적 통일성에 대한 자각을 통하여 개별 존재를 구분하는 의식에서 벗어남으로써 모든 대상적 존재를 자신과 동일시하는 태도라고 할 수 있다.

『기따』는 해탈을 달성한 이후에도 계속해서 행위할 것을 요구한다. 목표에 이르기 전까지의 까르마 요가는 이기적이지 않게 해주는 것이고 해방 달성 후의 행위는 영적 본성의 자발적 표현이 되기 때문이다(Mahadevan, 1956 : 88).

하타 요가

하타 요가는 우리나라나 서구 등 인도 밖에서 가장 널리 알려진 요가 형태이다. 그리고 일반적으로 대부분의 사람들이 요가를 이 하타 요가와 동일시한다. 앞서도 언급했듯이 요가는 자아실현을 이루는 과정이다. 따라서 하타 요가 역시 궁극적으로 추구하는 목적은 같다. 다만 몸에 두는 비중이 아주 크다는 차이가 있다. 하타 요가의 목적은 자아실현에 도움이 될 수 있는 몸을 만드는 것이다. 감각 통제를 통해 몸을 다스릴 수 있고, 신체적 단련을 통해 의식에 영향을 줄 수 있다는 관념이 하타 요가에 의해 발전되었다. 따라서 고전 요가가 몸을 미망으로 보고 거부하는 것과는 달리 하타 요가는 몸을 해방의 도구로 사용한다. 즉, 하타 요가는 높은 의식과 낮은 의식, 그리고 몸과 마음을 구분하지 않는다. 다만 그 모두를 생명력(쁘라나)이 나타난 것으로 인식한다.

모든 요가가 몸과 마음의 정화 과정을 매우 중시한다. 인도 사상에 따르면 인간은 몸, 마음, 영혼으로 구성되어 있고, 이들은 상호 영향관계를 유지하며 기능한다. 따라서 몸과 마음을 통제하여 영혼의 진보를 이룰 수 있다고 생각한다. 그래서 모

대표적인 아사나인 연꽃좌(padmasana).

든 요가 수행이 몸과 마음의 기능을 제어하는 과정을 포함하고 있다. 하타 요가는 특히 몸의 정화를 목적으로 하는 요가여서 신체의 건강, 활력, 장수가 주목적이고 영적 실현이 포함되기도 한다. 하타 요가의 주요 방법은 아사나, 쁘라땨하라, 쁘라나야마, 다야나, 사마디의 단계로 이루어져 있는데 여기서는 건강 유지와 관련된 아사나와 쁘라나야마만을 살펴보겠다.

주의해야 할 점은 어떤 고전 경전도 요가를 아사나의 측면에서 기술하지 않는다는 점이다. 『요가 수뜨라』는 그 200구절 가운데 세 구절에서만 요가 자세인 아사나에 대해 언급하고 있다. 그럼에도 아사나는 중요하다. 신체 단련이 마음 수행에 도움이 되기 때문이다. 아사나에는 수백 가지 형태가 있다. 이러한 자세들은 고대에 요가 수행을 했던 성자들이 만들었는데, 이 자세들은 대부분 여러 시간 동안 같은 자세를 지속적으로 취함으로써 마음을 하나로 모을 수 있게 해준다. 가장 유명한 아사나는 붓다의 명상 자세를 통해 우리에게도 잘 알려져 있는 빠드마사나(padmasana), 즉 연꽃좌이다. 각 자세는 처음

어느 하타 요기의 수행 모습.

에는 수초로 시작해서 점차 그 시간을 15분 또는 그 이상까지 늘려간다. 일반인들의 경우는 최대 3시간까지 같은 자세를 취할 수 있지만 이는 수년간의 연습을 한 후에야 가능하다. 그리고 모든 명상 자세는 몸통, 목, 머리를 직선으로 꼿꼿하게 세우고 앉아 어떤 고정된 사물을 지속해서 응시한다. 아니면 눈을 감고 자기 호흡에 정신을 집중한다.

일반적으로 요가는 올바른 스승에게 배우도록 되어 있다. 대체로 14세 이상이면 누구든 아사나를 할 수 있지만 임신 3개월 이후의 여성이나 월경중인 여성은 피해야 하고, 심장질환자는 전문가의 지도 하에 해야 한다. 아사나를 하는 가장 좋은 때는 아침 공복 시이다. 만약 시간이 허락지 않을 경우에는 저녁 식사 후 최소 3시간 후에 할 수도 있다. 그리고 같은 시간과 장소에서 규칙적으로 하는 것이 좋은 결과를 가져온다.

아사나를 할 때 억지로 자세를 취하는 것은 도움이 되지 않는다. 핵심은 몸을 점차 이완시켜 모든 긴장을 사라지게 하는 데 있기 때문이다. 이는 하타 요가가 어떤 목표를 달성하려고 하는 스포츠가 아니라 심신의 평온함을 추구하는 명상의 한 형태이기 때문이다. 따라서 후로울리(Frawley, 1992 : 131)는 하타 요가의 목적이 신체를 더 의식하게 하는 것이 아니라 신체적 움직임에 더 이상 긴장하지 않음으로써 우리를 신체와 덜 동일시하는 것이라고 강조한다.

쁘라나야마는 쁘라나를 조절하는 것이다. 쁘라나는 전 우주를 떠받치고 있는(유지하는) 우주적 에너지 또는 생명력을 의미한다. 때문에 이는 모든 형태의 생명체에서 발견되고, 전 공간에 현존한다(Raman, 1991 : 68). 쉽게 말해 쁘라나는 모든 것을 낳는 힘이라고 할 수 있다. 쁘라나야마는 이 쁘라나를 조절하는 것이고, 한번 쁘라나가 조절·통제되면 인간 안에 잠재되어 있는 신성이 발현되게 되고 소위 초능력이라 부르는 기적도 행할 수 있다고 한다.

하타 요가는 (호흡이란 쁘라나가 강력하게 나타난 것이고 우리의 마음 상태는 호흡과 밀접히 연관되어 있어서) 마음이 불안정하면 호흡이 불규칙하고 일의 효과가 떨어지는 반면에 호흡을 조절해 규칙적이 되면 마음이 안정되고 사고가 명확해진다고 이해한다. 그리고 호흡 조절 훈련을 통해 인간 안에 있는 잠재력을 발휘할 수 있게 된다고 믿는다. 따라서 모든 쁘라나야마의 첫 번째 목적은 규칙적인 호흡을 하는 데 있다.

하타 요가에서는 먹는 음식도 아주 중시된다. 이는 음식이 행동 양식에 영향을 준다고 보기 때문이다. 즉, 먹는 음식이 몸뿐만 아니라 마음, 신경, 사고에까지 영향을 주고, 특히 몸보다는 심리에 더 큰 영향을 준다고 보는 것이다. 예컨대 초식동물인 소보다 육식동물인 호랑이가 힘이 세 보이지만 코끼리의 경우는 초식동물임에도 힘이 세다. 그러면서도 호랑이처럼 거칠지 않고 조용한 기질을 지니고 있다. 이처럼 간소한 영양식이 상대적으로 투명하고 조용한 마음을 주고, 자극적이고 기력을 빼앗는 음식은 마음을 불안한 상태로 이끈다고 한다 (Raman, 1991 : 78-79). 더불어 동양이 사색적이고 서양이 활동적인 이유도 음식문화에 기인하는 것으로 이해한다.

앞서 상캬를 다룰 때 언급했듯이 힌두 사상에 의하면 모든 사물은 세 성질, 즉 사뜨와(순수하고 밝음), 라자스(욕망, 탐욕), 따마스(미혹, 무지, 게으름)로 구성되어 있다. 각 사물은 이 세 요소의 구성 비율이 다르다. 이 세 성질은 사람 안에서 어떤 특성을 낳는 힘을 갖는다. 사뜨와가 강하면 지식에 대한 갈망이 크고, 라자스가 강하면 야심과 욕망에 이끌리며 끊임없이 행위에 몰두한다. 따마스가 우세한 사람은 게으르고 무지하며 부정적인 마음 상태에 압도당한다.

이와 마찬가지로 음식도 이 세 범주로 분류가 가능한데, 사뜨와 음식은 순수하고 부드럽고 달콤한 기쁨을 주는 음식이며, 대체로 수분이 많다. 우유, 유제품, 견과류, 과일, 뿌리, 야채 등이 이에 속한다. 이 음식들은 단백질, 미네랄, 물, 비타민

이 풍부한 음식으로 마음의 불안정함을 줄이고 몸을 강하게 해준다. 이런 식품들은 소화기능을 돕고 건강을 증진시켜 힘을 강하게 하고 장수하게 만든다. 머리를 쓰는 이들에게 좋다고 권장된다. 라자스 음식은 너무 쓰고, 시고, 짜고, 맵고, 자극적이고, 마른 음식을 말한다. 과다하게 자극적이고 무거운 음식들은 소화불량을 일으키고 소화기를 손상시켜 건강을 나쁘게 만드는데, 이런 음식은 먹는 이의 탐욕을 증대시키고, 결국 이것이 그를 질병과 고통으로 이끈다. 따마스 음식은 맛이 없으며 상하고 깨끗하지 않은 음식을 말한다. 요리한 지 3시간 이상 지난 모든 음식이 이에 속한다.

요가하는 이들에게는 물론 사뜨와 음식이 좋다. 식사 조절도 필요하다. 채식주의자들의 경우에는 평상시에 먹는 음식을 계속 먹어도 좋으나 과다하게 자극적이거나 기름진 음식 등은 점차 줄이고 고기, 계란, 생선, 강한 음료 등도 역시 피하도록 권고된다. 곧바로 요리한 음식, 신선한 야채와 과일, 우유가 최상의 음식이다. 또, 일과 휴식과 이완을 적절히 조절해 일상생활을 하는 것이 좋다.

식사태도도 중시된다. 바른 마음과 자세로 먹어야 하고 감사하는 마음으로 천천히 먹는다. 그리고 충분히 씹어 삼키는 것이 좋다. 식사량은 개인에 따라 다르나 요가 수련자는 위를 가득 채우지 않는 것이 좋다. 너무 많지도 너무 적지도 않은 양이 좋은데, 이처럼 모든 측면에서 극단적이 아닌 온건함이 중요하다. 또, (물은 생명인데) 몸의 약 70%가 물이므로 하루에

최소한 여덟 잔의 물이 필요하다. 단, 식사중 물 마시는 것은 최소화하고 식사 전후 최소 2시간 전후에 마신다. 그렇지 않으면 소화장애를 일으킬 수 있다. 일어나서 한 잔, 잠자리에 들기 직전 한 잔이 좋다. 이런 규정들을 잘 지키면서 하타 요가를 성실하게 잘 행하면 젊은 얼굴과 모습, 우아한 자세, 깨끗한 외모, 원활한 혈액 순환, 전반적인 건강을 얻게 된다고 한다.

보다 정통적인 힌두 종파들은 이 요가를 정신적 타락의 증거인 신체 매직이나 초자연력의 획득으로 칭하며 받아들이지 않아왔다(Waterstone, 1995 : 88). 하지만 그 영향력은 조금도 약화되지 않아서, 오늘날 하타 요가는 세계적으로 가장 잘 알려진 요가이다.

꾼달리니 요가

모든 요가의 궁극적인 추구점은 해탈로 지칭되는 완전한 자유의 경지에 이르는 것이다. 그렇기 때문에 요가의 여러 유형들이 갖는 차이는 방법상의 차이라고 할 수 있다. 꾼달리니 요가(Kundalini yoga)의 경우는 인간의 몸, 특히 꾼달리니라 불리는 근원적 생명 에너지, 보다 구체적으로는 성 에너지를 활용하는 요가이다. 그래서 고전 전통이 성욕을 포함한 인간의 욕망을 부정적으로 인식하여 욕망을 철저하게 버리는 방법을 택해온 것과는 달리, 성을 승화시켜 영적 완성의 도구로 사용한다는 차이를 보인다. 이 요가는 힌두 밀교파의 요가 형태이기도 하다.

인류의 종교사에서 성은 풍요의 목적을 위해 주술적으로 사용되는 경우 이외에, 보다 초월적인 종교적 이상을 달성하기 위한 방편으로도 사용되었다. 그 대표적인 예를 밀교와 도교에서 찾아볼 수 있다.[8] 인도에서는 풍요를 가져다주는 주술력을 지니는 것으로 믿어지던 성이 밀교의 등장과 더불어 정신적인 완성이나 절대적인 자유를 획득하기 위한 수단으로도 사용되게 되었다. 사실상 인도에서 성의 종교성과 관련된 모든 흐름들은 밀교라는 거대한 강으로 흘러들어갔다.[9] 그리하여 밀교에서는 성에 대한 철학적이고 논리적인 설명과 성 상징의 뚜렷한 표현이 나타난다.[10]

힌두 밀교의 두드러진 특성은, 현상계의 이원적 경험을 초월하여 절대적인 자유의 경지인 해탈에 이르려는 정신적 목표와 이 목표의 달성을 위하여 성교 관념과 성교 행위, 즉 마이투나(Maituna)를 사용한다는 점이다. 따라서 인도 종교 전통에서 힌두 밀교가 지니는 독특성은 해탈이라는 초월적인 종교적 목표를 고행이나 금욕이라는 전통적인 방법이 아니라 즐거움(Bhoga), 보다 구체적으로는 성행위를 통하여 달성할 수 있다고 믿음으로써 성을 구원의 수단으로 삼았다는 점이다. 여기에는 존재의 감각적인 측면에 대한 긍정적 관점이 자리하고 있다. 밀교의 사상과 관행에서 즐거움은 억압되지 않고 존재의 중심적인 힘으로 긍정된다. 그러므로 밀교 전통에서는 즐거움, 특히 쾌락주의적인 성적 즐거움이 자연스러운 것으로 받아들여진다. 그것은 우주의 창조력인 샥띠(Shakti)의 표현이기 때문이다. 그리고 엑스터시의 달성을 위해 그 힘이 사용된다. 즉, 밀교는 인간의 감각을 부정하지 않고 그것을 보다 숭고한 가치를 위한 도구로 승화시켰다고 볼 수 있다.

그러나 밀교에서 성행위가 갖는 진정한 의미는 쾌락의 추구가 아니라 우주를 구성하는 두 근본 원리인 남성 원리와 여성 원리의 결합을 상징화하는 것이다. 즉, 여기서 남/여의 성은 절대 존재에 있는 이원성을 상징화하는 것으로 쉬바(Shiva 또는 Purusha)와 샥띠(Shakti 또는 Prakriti)로 표현된다. 이 남녀의 성적 욕구가 우주 창조와 연관되고, 성적 욕망의 힘이 우주의 질서를 유지하는 것으로 이해된다. 뿐만 아니라 성적 결합을 통하여 원초적인 통합 상태로 복귀함으로써 해탈이 가능하다고 믿는다. 페인(Payne, 1987 : 51, 60-61)은 현대의 탈성화(脫聖化)된 세계에서 이러한 성적 합일이 그 정신적인 의미를 상실했으나 아시아 밀교에서는 예외적인 존엄성을 획득했다고 지적한다. 그는 성의 합일이 신비의례로 전환되는 밀교에서 성의 신성성이 드러난다고 보고, 이러한 성의 합일이 신성성을 지니게 되는 근거 또는 토대를 (그가 동서 종교의 영적 토대로 보고 있는) 인간의 원초적 통합성에 대한 열망에서 찾고 있다. 즉, 밀교의 목표를 두 상반된 원리가 분화 이전의 통합성을 회복하는 것으로 파악한다.

힌두 밀교의 형이상학에 의하면 원초적 통일성을 지니는 궁극적 실재는 자신을 우주로 드러내는 현상화 과정에서 스스로를 소극적이며 정적인 측면과 적극적이며 역동적인 측면으로 나타낸다. 이 두 측면이 쉬바(우주적 영혼 또는 순수의식으로서의 남성 원리)와 샥띠(우주의 원초적 질료 또는 자연으로서의 여성 원리)라는 형이상학적 원리로 표상되는데, 쉬바는 최고신인 남신이고 샥띠는 쉬바의 창조력이자 생명 에너지인 여신으로 상징화된다.[11] 그리고 이것이 물질세계에서는 남녀로 나타난다는 것이다.[12] 그러나 이러한 구분은 기능적인 것이며 그 본질은 동일하다고 주장한다.

밀교의 궁극적인 목표는 이러한 현상계의 이원성을 초월하여 개별 영혼과 우주적 영혼이 결합되는, 분화되기 이전의 원초적인 상태(비이원적인 합일 상태)로 복귀하는 데 있다. 이 상태는 지극한 희열의 상태로 인식된다. 이러한 목표는 여타 힌두 종파나 철학파들의 목표와 다르지 않다. 차이가 있다면 목표 달성을 위하여 사용하는 방법상의 차이이다. 즉, 고행주의나 도덕적인 단련 등의 힘겨운 과정 대신에, 남녀의 성적인 결합과 기타 주술적인 방법을 통하여 보다 손쉽게 목표에 도달하려는 것이다. 다시 말해, 성 결합을 통하여 현상적 차이들을 용해시키고 소우주와 대우주 간의 조화를 달성하려는 것이다. 힌두 밀교에서 성적인 결합은 개인의 몸속에 있는 남/여 원리의 결합 방식이나 실제 남/여의 결합 방식 등을 택해 이루어진다. 꾼달리니 요가는 남/여 원리의 결합 형태이다.

밀교는 인간의 몸을 우주의 축도, 즉 소우주로 간주한다. 그래서 우리 몸에 궁극적 실재의 양 측면 또는 우주를 구성하고 있는 두 원리, 즉 여성 원리와 남성 원리가 포함되어 있다고 설명한다. 그리고 우리 몸에는 우주에 퍼져 있는 생명력 또는 생명 에너지(또는 氣)라고 할 수 있는 쁘라나가 순환하는 길인 나디(Nadi)가 그물망처럼 퍼져 있는데, 이 중 슈슘나(Shusumna), 이다(Ida), 삔갈라(Pingala)가 가장 중요하다고 한다. 슈슘나는 척추를 따라 나 있는 기도이고 이다와 삔갈라는 슈슘나를 중심으로 교차하고 있다. 이들 기도의 교차점을 짜끄라(Cakra)라고 부른다. 이 짜끄라는 일종의 심리력의 집결지로 에너지 중추라고 할 수 있다. 이 짜끄라는 우리 몸에 모두 일곱 군데, 즉 성기와 항문의 중간 부분(Muladhara), 생식기 근처(Svadhishthana), 배꼽 부분(Manipura), 심장(Anahata), 목구멍 끝 부분(Vishuddha), 양미간(Ajna), 정수리(Sahasrara) 부분에 있다.

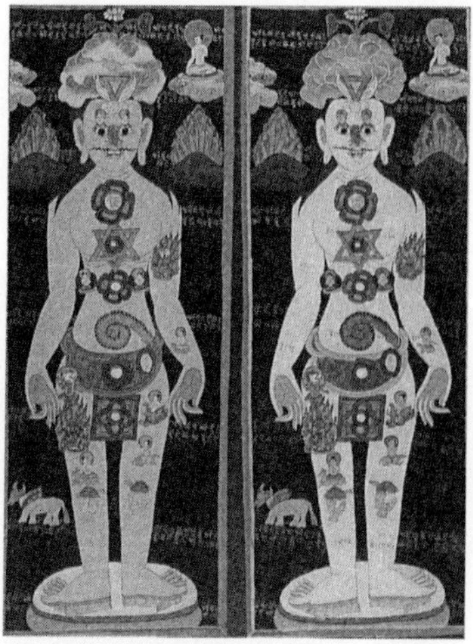

짜끄라 : 꾼달리니 요가에서 우리 몸의 일곱 군데에 있다고 주장하는 에너지 중추.

여성적 원리이자 생명 에너지인 샥띠는 가장 아랫부분에 있는 물라다라 짜끄라에 또아리를 튼 뱀의 형상을 하고 잠자고 있다. 이것을 꾼달리니(잠자는 뱀)라 부른다. 꾼달리니 요가 수행자는 수행을 통해 먼저 수면 상태에 있는 꾼달리니를 일깨운다. 그리고는 우주의 중심 산을 상징하는 등뼈에 위치해 있는 여러 짜끄라를 타고 올라가게 해서 궁극적으로는 정수리 부분에 있는 사하스라라 짜끄라에 있는 남성적 원리인 쉬바와 합일하게 한다. 이로써 수행자는 지극한 희열의 상태에 이를 수 있다고 한다.

이는 남/여 원리의 원초적인 결합 상태를 회복하는 것이라고 할 수 있다. 따라서 요가 수행자는 정신적, 육체적인 수행을 통하여 개인의 몸 안에서 이러한 원초적 통합 상태를 이룰 수 있다고 주장된다. 페인(Payne, 1987 : 60-62)은 이 상태가 원초적 인간의 특성인 자웅동체의 상태로, 이것은 이성적(異性的, hetero sexusl)도 동성적(同性的)도 양성적(兩性的, homo sexual)도 아닌, 성초월적(trans-sexual) 상태라고 설명한다. 그리고 이 성적 결합이 지니는 신성한 이상, 곧 원초적 통합성에의 열망이 바로 동서 종교의 영적인 토대라는 것이다. 이러한 요가 수행을 실제적인 성행위를 통하여 하는 것이 바로 밀교의 마이투나이다.

꾼달리니가 각 짜끄라를 지날 때는 큰 열이 나고 각 짜끄라에 잠재되어 있던 초능력을 발휘하게 된다. 꾼달리니가 짜그라를 지나가고 나면 그 부분은 다시 차가워진다. 또, 꾼달리니는 사하스라라에 도달했다 해도 오래 머물려 하지 않고 본래의 자리로 되돌아가려는 경향이 있으므로 수행자는 지속적인 노력을 해야 한다. 해방이란 단순히 꾼달리니를 자각시키는 것만으로 달성되는 것이 아니라 그것이 사하스라라에 영원히

머물 때 가능하기 때문이다. 이는 우주적 에너지인 생명력의 근원으로 돌아간 상태이다. 현재는 꾼달리니란 말이 잘 알려져 있지만 고대와 고전 가르침에서는 이것이 그리 중요시되지 않았다. 그 이유를 후로울리(Frawley, 1992 : 132)의 다음 말에서 찾아볼 수 있다.

> 주목해야 하는 것은 꾼달리니가 이기적인 목적이나 약물 또는 극단적인 정서적 반응 등을 통해 인위적으로 자각될 수 있다는 점이다. 따라서 본성이 정화되어 있지 않다면 꾼달리니는 오히려 에고를 강화시켜 우리의 취약성을 강화시키는데 도움을 줄 수도 있다. 그런 만큼 신중히 행해야 한다.

지금까지 몇 가지 주요 요가 형태들을 살펴보았는데 여기서 주목할 점은 모두에게 하나의 길을 따르도록 주장하는 것이 아니라 실천방법의 다양한 가능성을 허용하고 있다는 점이다. 이처럼 목표에 도달할 수 있다면 그 방법상의 차이는 그리 문제 삼지 않는 것이 인도 정신문화의 한 특징이기도 하다. 중요한 것은 자신의 내적 본성과 진심에 가장 호소력 있는 길을 따르고 그 길을 완전한 삶과 존재의 표현으로 삼아 그것에 완전히 주목하고 헌신하는 것이다.

바라나시의 요기 : 쁘라까쉬와의 대담

지금까지 다룬 내용들은 요가에 대한 이론적인 설명이라고 할 수 있다. 하지만 이론적인 설명이란 언제나 구체적이고 살아 있는 이해를 이끌어내기엔 부족한 법이다. 그래서 인도 요기의 입을 통해 직접 요가에 대해 들어보기로 하고 바라나시(Varanasi)에서 한 요기를 만나 대담을 했다.

인도 동북부에 위치한 바라나시는 대표적인 힌두 성지이다. 힌두교도들은 이 도시가 자신들이 궁극적으로 추구하는 사후 천상의 삶이나 해탈을 얻을 수 있는 곳이라고 믿어서, 생애에 적어도 한 번은 이 도시를 순례하길 원하며, 죽음을 여기서 맞이하고자 한다. 이러한 일반적인 믿음이 바라나시를 종교와 철학의 중심지이자 관련된 학문과 예술의 중심지로 만들었고

인도의 대표적인 힌두 성지, 바라나시.

정통적인 힌두 문화를 꽃피우게 했다.

이 바라나시의 문화적 전통은 중앙화된 권위나 공식적인 조직이 아니라 전통적인 삶을 고수해온 다양한 개별 수호자들에 의해 유지되어왔다. 전통학자인 빤디뜨(Pandit)들과 여러 유형의 수행자들을 대표적인 예로 들 수 있다(류경희, 2000 : 126). 고대로부터 수많은 수행자들과 학자들 그리고 사상가들이 이곳에서 수행을 하고 학문과 사상을 논해왔다. 현재도 이 전통이 지속되고 있어서 어떤 단체에 속한 수행자들이나, 혹은 세속을 벗어나 유랑하는 수행자들을 많이 만날 수 있다. 이처럼 요가의 전통을 유지하고 있는 바라나시에서 요가에 대해 직접 들어보기 위해 2003년 1월에 이곳을 찾았다.

바라나시가 낯선 곳은 아니지만 워낙 많은 수행자들이 이곳에서 수행을 하거나 가르치고 있는지라 적합한 사람을 만나기가 어려웠다. 그래서 알고 지내는 한 대학교수 부부에게 부탁해 쁘라까쉬 비야스(Prakash Vyas)를 소개받았다.

그의 수행처는 강 주변에 줄을 지어 있는 사원들 뒤편에 있었다. 이곳은 수행자들의 거처가 밀집되어 있는데, 복잡한 미로로 연결되어 있어 길을 잃기가 십상이다. 미로를 헤매고 여러 차례 길을 물은 후에야 'International Yoga Clinic'이라는 팻말을 달고 있는 그의 수행처를 찾았다. 한 작은 건물의 1층에 자리하고 있는 그의 수행처는 넓고 깨끗한 편이었지만 어두워서 그의 얼굴과 주변의 사물들을 또렷하게 알아보기가 어려웠다.

소개해준 분이, 그를 찾는 사람들이 워낙 많으니 시간을 미리 예약해야 하고 시간이 낭비되지 않도록 질문을 잘 준비해 가라고 재차 강조해서 긴장을 좀 했었지만 의외로 우리의 대화는 편안하고 때론 유쾌하게 진행되었다. 그는 내 예상보다 젊고 지적인 수행자로 보였다. 그가 말한 내용을 정리하거나 해석해서 적는 것보다는 그가 한 말을 그대로 전하는 것이 요가의 살아 있는 모습을 보여줄 수 있으리라 생각되어 가감 없이 그의 말을 전하기로 한다. 대담은 영어로 진행되었다. 그는 내가 질문을 하기도 전에 요가에 대한 일반적인 설명을 하기 시작했다.

쁘라까쉬 : 요가를 배우러 이곳에 오는 사람들은 대체로 요가를 신체 단련방법으로만 알고 있다. 그리고 세계적으로도 요가는 신체적 훈련을 하는 하타 요가로 알려져 있다. 하지만 요가는 그 이상이다. 하타 요가는 건강한 몸을 위한 좋은 수련방법이다. 몸이 유연해지고 강해지고, 또 질병에서 자유로워진다. 그러나 이것이 우리 삶의 유일한 목표는 아니다. 하타 요가가 중요한 것은 명상에 도움이 되기 때문이다. 신체적 단련을 통해 건강한 몸을 갖게 되면 좀더 나은 명상을 할 수 있기 때문에 고대 성자들, 그러니까 요기들이 신체적 단련방법들을 발전시키고 이를 토대로 명상을 했던 것이다. 그리고 이것이 세계 각지에서 요가를 배우러 인도로 오는 이유이기도 하다. 그럼에도 많은 서구인들이 요가를 신체적 훈련으로만 이해하는 것이 안타깝다. 그래서 나는 요가를 가르칠 때 완전한(종합적인) 요가를 가르치려 한다.

요가를 크게 나누면 아사나가 중심이 되는 하타 요가와 호흡법(쁘라나야마)과 명상을 중심으로 하는 라자 요가(고전 요가)가 있다. 호흡법은 마음을 통제할 수 있다는 점에서 매우 중요하다. 마음을 통제하여 정화시키면 명상에 도움이 되기 때문이다. 또, 내가 관련된 크리야 요가(Kriya Yoga)도 있다. 이 요가의 기원을 알 수는 없지만 빠딴잘리의 『요가 수뜨라』에서 언급되고 있다. 전해지는 바에 의하면 2만 년 전에 이곳 바라나시에서 만들어졌고 약 5~6천 년 전의 인물인 크리슈나가 아르주나에게 이 요가를 가르쳤다고 한다. 그리고 당시에 집성된

요기, 쁘라까쉬.

문헌인 『바가바드기따』에서도 언급되고 있다. 현대에 전승된 계보로는 이름이 밝혀지지 않은 바바지가 라히리 마헤사야를, 라히리가 육테스와르를, 또 그가 요가난다를 제자로 선택해 크리야 요가를 가르쳤다. 이 요가난다의 손자가 나의 구루이다. 그는 1987년에 세상을 떠났다. 지난 1월 27일이 그의 출생일이자 해탈에 든 날(마하사마디, 대열반일, 즉 사망일)이다. 붓다를 비롯한 많은 성자들이 출생일에 해탈에 들었다. 나의 구루 밑에는 많은 제자가 있었지만 그는 나를 자신의 계승자로 선택해 크리야 요가의 구루로 만들어주셨다.

류경희 : 크리야 요가에 대해 간략히 설명해주시겠어요?

쁘라까쉬 : 크리야란 말은 모든 행동을 의미한다. 그러나 좀 더 정확히 말하면 자아실현을 향한 행위이다. 이런 종류의 행위는 자동적인 종류의 행위라고 할 수 있다. 그리고 요가는 합일(Union)을 의미한다. 이런 행위를 할 때 당신은 자아실현을 하게 된다. 이것은 전적으로 정신적인 훈련이다. 그러니까 아주 간단히 말해 크리야 요가는 자아실현을 위한 것이다. 많은 사람들이 인도를 찾고 있고 그 중 일부는 요가를 배운다. 하지

만 대체로 큰 성과를 올리지 못하고 있다. 물론 그들 중에는 근본적인 물음들에 대한 답을 구하는 이들이 일부 있다. 인도의 업과 윤회사상에 따르면 인간은 재생을 되풀이한다. 천만 번의 재생을 한 후에 인간으로 태어나는데, 그렇게 태어난 후에 여러 가지 근원적인 물음들을 갖게 된다. 왜 나는 이 세상에 왔는가? 나와 우주의 근원적 실재 또는 신과의 관계는 무엇인가? 왜 모든 이들이 질병, 어려움, 기타 여러 힘든 문제들로 인해 괴로움을 겪는가? 등등의 의문을 품게 된다. 그리고 이러한 물음에 답을 제시해줄 누군가를 찾게 되는데, 그가 바로 정신적 스승인 구루이다. 그가 당신을 이끌어주고 그의 가르침에 따라 수행하게 되면 자아실현을 이룰 수 있게 된다.

류경희 : 당신은 자아실현을 언급하면서 신에 대해서도 말하고 있습니다. 자아실현과 신 실현을 같은 것으로 이해해도 될까요? 당신이 사용하는 신 개념의 의미는 무엇인지 알고 싶습니다.

쁘라까쉬 : 매우 좋은 질문이다. 이렇게 말하고 싶다. 크리야 요가는 베단따(의 일원론)에 토대를 둔다. 흔히 우리가 신을 말할 때 이 신은 이원론에 토대를 둔다. 그러나 크리야 요가는 이원론이 아닌 일원론에 토대를 두고 있다. 우리는 하나이고, 우리는 그 하나로 우리를 발전시켜야 한다. 그러나 우리가 어떻게 알 것인가? 그래서 우리는 안내가 필요하다. 구루는 가르치고 이끌어주는 안내자이다. 그러나 요가 훈련은 정해져 있다. 구루에 따라 다른 것이 아니다. 크리야 요가의 계통을 통

해 이어져 온 것이다.

신 실현은 다르다. 우리가 신을 이야기할 때 거기에는 상(이미지)이 있다. 신에 대한 인도 명칭인 이스와라나 바가완(Bhagawan)을 말할 때, 즉 바가완 크리슈나, 바가완 라마, 로드 쉬바 등등을 말할 때 우리는 상을 떠올린다. 상은 절대존재인 브라흐만(Brahman)과는 다르다. 절대존재는 상을 갖지 않는다.

크리야 요가는 절대존재인 일자 개념에 토대를 둔다. 이 절대존재를 브라흐만, 신 등 무엇으로 부르든 그 의미는 같다. 신으로 칭할 경우에도 우리는 신이 편재하고 전지하며 전능하다 이해하지만, 어떤 형상을 갖는 것으로 생각하지는 않는다. 이 절대존재를 아뜨만 또는 빠람 아뜨만(Param Atman, 브라흐만의 다른 명칭)으로도 부르는데, 빠람 아뜨만이 보다 큰 존재라면 아뜨만은 그 일부이다. 그래서 『바가바드기따』는 우리가 신의 일부라고 말한다. 그러나 일부라 해도 이것이 다르다는 의미는 아니다. 즉, 아뜨만은 개별존재 속에 있는 빠람 아뜨만의 일부분이다.

우리는 세 개의 몸(causal, astral, physical body)을 갖는다. 그리고 아뜨만이라 부르는 자아 또는 영혼을 지닌다. 그러므로 몸, 곧 형상을 지니고 있는 우리는 자신이 누구인지 이해해야 한다. 그것이 우빠니샤드 성자들이 '네가 바로 그것이다', 즉 '네가 바로 절대적인 존재 그것이다'라고 말한 이유이다. 이것이 자아실현의 의미이다. 의미는 같다. 다만 사람들이 피상적으로 신이 형태를 갖는다고 생각해서 신의 개념을 형상과 관련지어 생각하는 것이다. 이것이 힌두교, 기독교, 이슬람교 등 모든 이즘(ism) 사이에 차이가 나타나는 이유이다.

사람들에게는 발전 능력의 차이가 있고, 또 이해의 단계가 있다. 이것이 세계의 모든 교육제도에 등급별 단계가 있는 이유이다. 때문에 우리의 고대 스승들은 사원과 상이 중요하다 여겼다. 사원과 상은 초심자를 위한 이해의 초보 단계라고 할 수 있다. 그러나 알아야 하는 것은, 신이 단순히 사원이 아니라 그 이상이라는 점이다. 신상은 명상을 쉽게 해준다. 명상의 초심자에게는 아무것도 없는 상태에서 형상과 속성 없는 절대존재를 상상하거나 이해하기가 힘들다. 예를 들어 앞에 장미꽃이 하나 있다면 명상하기가 쉬워진다. 모든 종교의 사원에 신상이 있다. 그러나 그것에 대한 지식을 알고 이해한 연후에 명상이 가능해진다.

류경희 : 그렇다면 신을 구루와 같은 영적인 안내자로 이해해도 될까요?

쁘라까쉬 : 그렇다. 맞다. 범어 구루(Guru)의 '구'는 어둠을 의미하고 '루'는 빛을 주는 자를 뜻한다. 그러므로 우리의 어둠을 거둬가고 빛을 비춰주는 이를 구루라 한다. 그러나 당신이 알다시피 신체는 자아실현에 대단히 중요하다. 신체 없이 어찌 자아실현을 이루겠는가. 그래서 깨달음을 위한 적합한 이끎에서 신체적 존재가 필요하다. 누군가가 자신이 깨달음을 얻은 수련방법과 길을 말해주면 여러분도 자아실현을 할

수 있게 된다. 인도에 '구루 브람마, 구루 비슈누, 구루 데브 마헤쉬와라 나마하'라는 범어 슬로카(Sloka, 시 구절)가 있는데 이것의 의미는 '구루는 모든 것보다 위대하다'이다. 왜냐하면 우리는 신을 알고 있지 못하기 때문이다. 구루가 이것이 신이다라고 말해주면 그때서야 우리는 (그것을) 이해하게 된다. 한 예로 내가 한국말을 몰라 배우려 한다면, 이때 나를 이끌어줄 선생님의 존재가 필요한 것과 마찬가지이다. 이처럼 구루는 우리를 자아실현(신 실현)으로 이끄는 안내자이다. 그러나 사실 구루는 내 안에 이미 존재하고 있는 아뜨만이다. 다만 몸을 가진 형태로 나를 이끌어주는 것일 뿐이다. 그래서 우리는 구루를 신처럼 숭배한다. 왜냐하면 그가 우리에게 자아실현을 보여주기 때문이다.

류경희 : 요가의 진정한 의미나 정신이 무엇이라고 생각하십니까?

쁘라까쉬 : 요가는 결합을 의미한다. 쁘라나는 영어로는 에테르로 표현할 수 있는데, 우주의 힘 또는 에너지이자 모든 것을 낳은 것이다. 이 쁘라나는 모든 곳, 모든 것에 편재하고 섞여 있다. 모든 요가 그리고 모든 이즘은 '마음이 모든 것의 원인'이라고 말한다. 그런데 이 마음이란 것이 안정되어 있지 않고 균형 잡혀 있지 않다. 그래서 이리저리로 움직인다. 우리는 이것을 컨트롤해야 한다. 어떻게? 크리야 요가는 호흡과 마음이 연결되어 있다고 본다. 그래서 마음을 컨트롤하거나 호흡을 컨트롤하라고 말한다. 이것이 호흡 조절법인 쁘라나

야마가 발전한 이유이다. 호흡을 조절하면 자연스레 마음이 조절되기 때문이다. 그리고 하나의 대상에 정신을 집중하게 되면 마음이 이리저리 움직이는 것을 멈추게 된다. 만약에 하나의 대상에 3분 정도 정신을 집중하게 되면 마음도 그에 따라 그 대상에 집중하게 된다. 그러면서 서서히 마음의 존재가 절대존재인 브라흐만(아뜨만)에 완전히 흡수된다. 이 완전한 흡수는 브라흐만 외에는 어떤 것도 존재하지 않는다는 것을 의미한다. 이렇게 되면 마음은 완전히 자유롭게 된다. 그것은 하나가 된다.

쁘라나는 두 부분으로 되어 있다. 쉬운 예를 들어 설명해 보겠다. 깔리(Kali) 여신에 대한 신화적 이야기가 있지만 크리야 요가에서의 진정한 의미는 다음과 같다. 쉬바 신의 아내인 깔리는 다리 하나는 누워 있는 쉬바의 가슴에, 하나는 땅에 딛고 서 있다. 이것이 고대 요기들이 상상한 그림이다. 우리는 언제나 한 다리를 브라흐만 위에 두고 있다. 우리는 브라흐만이다. 땅을 딛고 있는 또 다른 다리는 불안정한 쁘라나이고 이것이 우리의 마음이다. 쁘라나야마의 실천을 통해 우리는 언젠가 두 다리를 쉬바의 가슴 위에 놓을 수 있다. 이것은 당신이 절대적으로 브라흐만임을 의미한다. 이것이 요가의 진정한 의미이다.

요약해서 다시 말하면 우주적 힘인 쁘라나는 두 부분으로 나뉘어 있는데 하나는 언제나 안정되어 있는 일관된 브라흐만이고 다른 하나는 불안정하고 흔들리는 마음이다. 어떤 용어로 말하든 모든 수행방법들은 마음의 균형을 이루기 위한 것들이다. 마음의 균형을 이루게 되면 분리감이 사라지고 일체감을 갖게 된다. 모든 강들이 대양에서 합쳐지는 것과 같다. 이것은 모든 강들이 해야 하는 여행이다. 이것은 우리의 여행이다. 우리는 분리되어 있다. 그러나 우리는 그것을 모른다. 우리가 어디서 왔고 어디로 가야 하는지, 이것이 우리가 알아야 하는 지식이다. 우리가 요가를 한다는 것은 이것의 의미를 알게 되는 것이다.

우리는 우주의 힘과 분리되어 있어 이곳저곳을 방황한다. 그러나 우리가 우리의 내면을 깊게 들여다보는 순간, 더 이상 무엇인가를 찾아 이리저리 방황하지 않게 된다. 왜냐하면 우리 자신이 신과 같음을 깨닫게 되기 때문이다. 인도 철학은 실현에 대해 말하고 있다. 붓다도 그렇다. 다만 그는 자아실현이 아니라 깨달음이라 말했다. 하지만 무엇으로 표현되든 의미는 같다. 이것이 요가이다. 분리되어 있는 것의 결합이 요가이다.

류경희 : 그 결합 상태를 사마디(삼매)라 부르는 것으로 알고 있습니다. 당신도 이 상태를 경험했으리라 생각되는데요. 이에 대해 좀 설명해주실 수 있으실까요?

쁘라까쉬 : 결합 상태가 사마디라는 것은 아주 일반적인 의미이다. 일반적으로 사람이 죽었다고 이야기하는 것은 매우 피상적인 의미이다. 왜냐하면, 요가에 따르면 그는 다시 돌아올 것이기 때문이다. 이는 진정한 의미의 죽음이 아니다. 진정한 의미의 죽음은 죽은 후 다시 태어나지 않는 것이다. 그러므로 다

시 태어나지 않는 요기만이 진정으로 죽었다고 할 수 있다.

쁘라나야마에는 들숨, 날숨, 내적 통제(안딱 꿈박), 외적 통제(바이어 꿈박)의 네 부분이 있다. 오랫동안 훈련을 하면 호흡이 필요 없게 된다. 숨을 들이쉬고 내쉬는 것은 생명유지와 직결된다. 호흡이 살아 있고 죽은 것의 구분 기준이 된다. 이것이 일반인과 요기들의 차이이다. 라히리 마헤사야에 따르면 크리야 요가를 할 때 '백만 번 그리고 6만1천 번 이상' 정도의 쁘라나야마를 하면 호흡이 멈추게 된다. 이것이 께발 꿈박으로 알려져 있다. 이걸 한 사람은 몸을 지니고도 죽음을 극복한다. 이때 그가 사마디 상태에 있다고 말하는 것이다.

사마디에는 여러 단계가 있다. 즉, 여러 수준의 사마디가 있다. 수행 정도에 따라 기간이 아주 짧은 것도 긴 것도 있다. 이 상태에서는 오직 자신만이 존재한다. 크게는 니르비깔 사마디와 사비깔 사마디로 구분하는데, 니르비깔 사마디는 자신만이 존재하고 다른 어떤 것도 존재하지 않는 상태이다. 그러나 죽을 수 있기 전에는 사비깔 사마디를 경험한다. 수행하는 과정에 있을 때 얼마나 오래 사마디 상태, 즉 초의식 상태에 머무는가는 당신의 수행 정도에 달려 있다. 물론 사마디의 여러 단계에 이르더라도 이것이 완전한 사마디는 아니다. 이때 호흡이 얼마간 정지되나 다시 (호흡이) 되돌아온다.

무엇이 실재하는 것이고 무엇이 실재하지 않는 것인지를 이해해야 한다. 이것이 사마디이다. 당신이 호흡을 할 때 호흡 조절, 즉 쁘라나야마로 께발 꿈박에 이르면 당신의 몸은 인과 관계에서 완전히 자유롭게 된다. 우리 몸 안에는 슈슘나라는 트랙이 있다. 마음이 슈슘나를 통해 올라가면 꾼달리니가 자각된다고 말한다. 많은 이들이 이 꾼달리니를 자각시키는 것을 신체적인 것으로 이해하고 이를 위해 이곳으로 온다. 사마디는 에고의식, 욕망, 증오, 미움 등 정신적인 모든 욕망을 버렸을 때 온다. 그 전에는 사마디가 올 수 없다.

매우 드물게 적은 수의 사람들만이 꾼달리니를 자각시킨다. 그리고 꾼달리니가 자각되었다는 것은 그가 신이란 것을 의미한다. 당신이 신이 되었다면 나에게 와서 어떻게 명상을 하느냐고 물을 필요가 있겠는가? 모든 것이 명료해진다. 그 의식에서 당신은 모든 것을 알게 된다. 라히리 마헤사야가 가르침을 주었듯이, 크리야 요가에 의하면 당신이 충분한 쁘라나야마를 하면 그때 당신은 호흡이 없는 존재 상태, 즉 께발 꿈박 상태에 이르게 된다. 따라서 사마디는 '철저하게 호흡하지 않는 상태에 이르는 것이다'라고 말할 수 있다.

류경희 : 당신의 요가 센터 이름에 클리닉이란 말을 사용하시는 특별한 의미가 있습니까?

쁘라까쉬 : 마음을 닦는 것과 몸을 닦는 것을 의미한다. 몸을 닦는 것은 건강을 의미한다. 이것이 첫 번째 목적이고 두 번째 목적은 마음을 닦는 것, 즉 명상을 위한 것이다. 몸을 닦는 일은 명상을 위한 준비이다. 몸이 질병에서 자유롭게 되어 건강해지면 쉽게 명상을 할 수 있기 때문이다.

류경희 : 왜 많은 외국인들이 요가를 알기 위해 또는 배우기

위해 이곳에 온다고 생각하십니까? 제 생각에 현대인들은 마음의 문제를 안고 있는 것 같습니다. 이런 문제로 찾아오는 사람들에 대해 당신은 어떻게 느끼십니까?

쁘라까쉬 : 그것은 매우 간단하다. 그러한 문제들은 오래전부터 이어져 내려왔다. 또, 그것이 2만 년 전부터 요가 전통이 이어져 내려온 이유이기도 하다. 그 이유는 마음이 어느 시대이건 균형 잡혀 있지 않고 평정하지 않았기 때문이다. 예전에는 사람들이 보다 종교적이고 순결했다. 그들은 그만큼 순수한 까닭에 명상하기가 보다 수월했다.

그러나 문제는 어떤 시대에나 있었다. 다만 현대에 좀더 복잡해졌을 뿐이다. 오늘날은 모든 이들이 정신적 스트레스에 직면해 있다. 또, 경쟁이 심하다. 많은 이들이 하루아침에 부자가 되려 한다. 하지만 이것은 불가능하다. 사람들은 다양한 욕망을 가지고 있고 그것을 만족시키기 위해 내부에서 늘 투쟁한다. 따라서 좋은 투쟁이든 나쁜 투쟁이든 투쟁은 끊임없이 지속된다. 사람들은 다른 대안이 없다고 말하기도 한다. 왜냐하면 모든 것들이 정신적 스트레스를 가져다주기 때문이다. 그래서 늘 긴장하고 이완이 없다. 이것이 요가를 하려는 이유이다. 아사나를 하는 것은 몸을 유연하고 부드럽게 해주며, 쁘라나야마는 평화로운 마음의 뼈대가 된다. 마음을 조절하고 제어하는 것이 가장 간단한 의미의 명상이다. 그래서 나는 하타 요가와 라자 요가를 함께 가르치려고 한다. 지금 세계적으로 볼 때 대부분의 사람들은 하타 요가를 하고 있고, 또는 라자 요가를 하기도 한다. 그러나 누구도 둘을 결합시켜 하려고 하지는 않고 있다.

우리는 자신에 대해 생각해볼 시간을 갖지 못하고 있다. 항상 문제를 가지고 있고, 긴장해 있다. 현대사회에서 우리는 너무도 빠르게 달리고 있다. 그것도 외적으로. 그래서 자신에 대해 생각할 여유를 갖지 못한다. 현대에 우리는 달에 도달했다. 그러나 얼마나 되는 사람들이 자기실현(깨달음)에 도달했는가? 하루가 멀다 하고 새로운 발견과 발명들이 쏟아져 나오지만 자아의 실현, 신의 실현을 가능하게 하는 방법들은 나오고 있지 않다. 우리가 자아에 대해 생각할 때 우리는 좀더 평화로워질 수 있다.

나는 내가 요가를 가르치는 이들에게 늘 철저하게 수련하고 적절하게 수행하며, 하타 요가만이 요가라고 여겨 신체를 건강하게 하는 데만 신경 쓰는 일은 하지 말라고 말한다. 많은 이들이 헬스 센터에 가고 조깅을 하곤 하지만 이것은 건강의 정의가 아니다. 건강은 마음이 건강해야만 한다는 것을 의미한다. 마음의 건강이 없이는 신체적 건강이 있을 수 없다. 마음과 신체의 균형이 중요하다. 상호 영향을 미치기 때문이다. 나는 마음을 조절하는 데 도움이 되도록 호흡법을 가르친다. 이것이 사람들이 나를 찾는 이유이다.

나는 국내외에서 나를 찾는 이들에게 마음과 신체 모두의 건강을 중요시하는 크리야 요가를 통해 에고를 버리고 마음을 통제해 자아실현을 이루도록 가르친다. 앞서 이야기한 것들이 인도 내 그리고 해외에서 나를 찾아오는 이들이 가지고 있는 문제들이다. 나는 여러 수준의 사람들을 본다. 얼마만큼 그들이 자신을 버리는가를 살펴본다. 어떤 이들은 명상만을 하다 가고 어떤 이들은 자신의 에고를 버린다. 나는 자신을 버린 헌신적인 이들에게 크리야 요가를 하도록 가르친다. 그들은 그 후에 마음을 컨트롤하는 것의 의미를 이해하게 되고 자아실현의 길에 동참한다.

류경희 : 저는 인도 종교와 문화를 연구하고 또 가르치고 있는데, 당신이 양해를 해주신다면 당신과의 인터뷰 내용을 자료로 활용하고 싶습니다. 당신과의 대화 내용이 큰 도움이 될 것 같아서입니다.

쁘라까쉬 : 물론 괜찮다. 이 내용을 접하는 이들이 이해할 수 있다면 말이다. 현대세계에 대한 나의 메시지는 이런 것이다. 전쟁으로 인해 우리는 인간에게 가치를 두지 못하고 있다. 한 생애의 의미에 대해서도 알지 못한다. 인간은 마치 동물과 같이 이해되고 있고, 작은 생명체를 죽이듯 살생이 지속되고 있다. 인도에서도 테러리즘이 지속되고 있고 그에 대한 저항도 지속되고 있다. 그리고 이것은 정치적인 문제이다. 그러나 또 단순히 정치적인 것만도 아니다. 종교에 대한 오해 때문이기도 하다. 아주 적절한 예 하나를 들어보겠다.

한 구루가 매우 어리석은 두 제자를 데리고 있었다. 하루는 그들이 구루의 다리를 마사지하고 있었는데 한 제자가 화장실에 가고 싶어 자리를 떴다. 남아 있던 어리석은 제자는

적으로 여기는 다른 동료가 자리에 없는 것을 그를 이길 수 있는 좋은 기회로 여겨 그가 마사지하던 구루의 다리를 부러뜨렸다. 그러자 구루는 놀라고 고통스러워 비명을 질렀다. 그 소리를 듣고 어리석은 또 다른 제자가 달려왔다. 모든 상황을 알게 된 그는 격분하여 상대가 마사지하던 구루의 다른 쪽 다리를 부러뜨렸다. 어리석은 두 제자는 그 두 다리가 모두 자신들이 존경하며 모시는 구루의 것인 줄을 깨닫지 못했던 것이다.

그들은 힌두의 신들, 이슬람의 알라, 기독교의 야훼가 모두 하나임을 모른다. 그들은 서로 자신들이 더 낫다고 주장하며 다툰다. 이러한 싸움은 피상적인 관점으로 종교를 이해하는 데서 생겨난 오해에서 비롯된다. 이것이 우리 시대 상황의 좋은 예다. 우리는 삶의 의미와 인간의 행동에 대해 좀 더 이해해야 한다. 이런 의미에서 사람들이 요가와 명상을 더욱더 많이 행해야 한다고 생각한다. 그러면 서로에 대해 더 좋은 느낌을 갖게 되고, 경쟁과 전쟁 그리고 문제가 많이 줄어들어 더 많은 사람들이 만족하게 될 것이기 때문이다. 많은 외국인들이 인도를 보기 위해 인도를 찾는데 릭샤왈라(자전거를 개조해 만든 교통수단을 운전하는 사람)가 더 행복해 보인다고 느끼는 경우가 많다. 그들은 집도 없다. 그런데도 매우 이완된 모습을 보여준다. 긴장이 없기 때문이다. 그들은 자신이 그러고 싶을 때 먹고, 자고, 일하고, 쉰다. 이곳에 오는 외국인들, 그리고 내가 외국에 나갔을 때 봐도 모든 이들이 너무도 바빠 서로 인사를 나눌 여유도 없어 보인다. 현재는 인도의 대도시도 마찬가지이다. 우리가 이러한 것들을 좀 더 이해해야 한다.

우리는 무엇보다 먼저 자신의 내부를 들여다봐야 한다. 아무리 많은 외적인 성공이나 화려함이 있다 해도 그곳에서 만족이 오지는 않을 것이다. 평화는 외적인 것이 아니라 내부의 문제이기 때문이다. 내면의 평화가 당신에게 만족을 가져다줄 것이다. 당신도 보았겠지만 인도인들은 수없이 많은 의례들을 행한다. 그러나 이러한 것들이 정적과 평화로움을 가져다주지는 못한다. 수행을 적절하게 하여 내적 평화가 있을 때 외적 평화도 가능해진다. 외적인 평화만으로는 큰 의미가 없다.

나와의 대담 내용을 당신이 필요로 하는 곳에 사용해도 좋다. 그러면 나도 기쁠 것이다. 하지만 이 이야기를 접하는 모든 이들이 나나 당신이 원하는 메시지를 이해한다고 말할 수는 없을 것 같다. 오직 두세 명 정도만이 이해할는지도 모른다. 천천히 여러 차례 들다보면 이해할 수도 있을 것이다. 시간이 걸릴 것이다. 그래도 누군가 이해를 한다면 그것으로 좋다.

류경희 : 약력을 간단히 말씀해주실 수 있을까요?

쁘라까쉬 : 학부에서 철학을 전공하고 나서 또 철학으로 석사학위를 했다. 그리고 3년간 인도 의학연구위원회(Indian Council of Medical Resarch)에서 일했다. 병원에서 마을 어린이들에게 요가와 좋은 건강을 유지하기 위해 필요한 것들을 가르쳤다. 가르침은 어릴 때 시작하는 것이 좋다. 어른의 경우

는 습관을 바꾸기가 어렵기 때문이다. 여러 학교와 공동체 등에서도 가르쳤는데 때론 어려움이 많았다. 마을에서는 배우려는 열망이 적기 때문이다. 그러나 해야 한다고 생각했다. 요가뿐만이 아니라 아이와 어머니를 돌보는 일, 환경 문제, 집 지어 주는 일, 교육 등 다양한 일들을 해왔다. 1991년에 이러한 일들을 떠나서 프랑스로 갔다. 1992년 프랑스에 있을 때 병원을 세운 의사가 세상을 떠났다. 이후 이 모든 일들을 하는 것이 매우 힘들다는 생각이 들어 그 일들을 그만두고 나 자신과 이 요가 센터에만 집중하며 지금까지 이곳에서 일하고 있다.

류경희 : 이 부근에 많은 요기들이 있는 것 같습니다.

쁘라까쉬 : 아니다. 모두 다 같지는 않다. 가르치는 방법이 다르다. 요기는 컨트롤 마인드를 의미한다. 많은 이들이 간단한 요가 과정을 거친 후 요가를 가르친다. 고대에는 달랐다. 우리는 구루에게 허가를 받아야 요가를 가르칠 수 있었다. 그러나 지금은 사람들이 많이 상업적이 되어서 허가증이나 자신의 훈련 과정 없이 요가를 가르치는 사람들도 많다. 이들은 진정한 요기가 아니다. 그들은 단순히 가르치고 있을 뿐이다. 요기는 컨트롤 마인드를 의미하는데, 이것 없이 어떻게 요가를 가르치겠는가. 나는 여기서 17년 전에 요가를 시작했다. 그 당시는 이 주변에 아무도 없었다. 그러나 요즘은 많은 이들이 여기에서 요가를 가르치는 곳을 열었다. 그들은 대개 하타 요가만을 가르치고 요가의 전체 사상을 가르치지 못하고 있다. 이

것은 문제이다.

요기 요가난다(Paramhansa Yogananda)의 사마디 체험

위에서 대담을 했던 쁘라까쉬의 사마디에 대한 설명은 사마디의 이론적이고 철학적인 내용을 잘 말해주고 있다. 하지만 구체적인 체험의 내용이 빠져 있어 그의 구루의 할아버지이자 위대한 요기로 알려져 있는 요가난다의 사마디 체험담을 그의 자서전(Yogananda, 1946)에서 발췌·번역해 여기에 적는다.

어릴 때 한 성자에게서 요기가 될 것이라는 예언을 들은 요가난다는 실제로 영적인 추구를 하려는 열망이 강해서 어린 시절부터 여러 성자들을 찾아 나섰다. 그 과정에서 다양한 요기들과 만나게 되는데 그 중에는 두 몸을 지닌 요기, 신의 능력을 보여주기 위해 향을 만들어내는 요기, 호랑이를 능란하게 다루는 요기, 공중에 떠 있는 요기 등이 있었다. 그러나 그는 이러한 기적 현상이 놀라운 것이기는 하지만 정신적으로는 도움이 되지 않는다고 생각하고 계속해서 구루를 찾아 나섰다. 그러다 모든 것을 꿰뚫어 보는 수행자인 육테스와르(Yukteswar)를 만나 그를 구루로 모시게 된다.

그는 구루 밑에서 수행을 하면서 여러 차례 초월적인 현상을 목격하게 된다. 어느 날 그는 명상 중에 있는 스승의 호흡이 정지되어 몸이 움직이지 않는 것을 발견하고는, 스승이 죽은 줄 알고 놀랐지만 후에 스승의 호흡이 다시 돌아오는 것을 보았고, 또 코브라가 접근해도 스승이 전혀 동요하지 않자 오히려 코브라가 다가오다가 너무도 얌전히 돌아가는 모습을 보기도 했다. 후에 그는 이러한 놀라운 현상들이 초의식 상태에 자유로이 드나들 수 있는 스승의 요가 능력에 의한 것이었음을 깨닫게 된다.

스승은 자신의 스승인 라히리 마헤사야가 우주적 비전을 가진 상태, 즉 사마디의 상태에서 자신이 원하는 대로 물질화시키거나 비물질화시키는 능력을 지녔었다는 이야기를 해주었다. 그러면서 그는 모든 창조는 법칙의 지배를 받고, 외적 우주에서 나타나는 자연 법칙은 과학자가 발견해내지만, 의식의 영역을 지배하는 미세한 법칙은 요가라는 내적인 과학을 통하여 알려질 수 있다고 말했다. 즉, 드러나지 않은 영역도 일정한 법칙에 의해 작동되는 것이며, 이것이 기적으로 보인다는 것이다. 그러나 진정으로 깨달은 자는 자신이 내적으로 이러한 기적 행위를 스스로에게 허용할 때까지는 기적을 행하지 않는다며, 소위 요가를 통해 얻게 되는 초능력, 즉 싯디에 대해 경계할 것을 조언했다. 요가난다는 스승이 시공의 지배자, 즉 신과 하나가 되는 경지를 달성했다고 느꼈다. 그는 구루 밑에서 수행을 하는 도중에 자신이 처음으로 경험하게 된 사마디의 상태를 다음과 같이 서술하고 있다.

명상을 하기 위해 스승의 명상실로 가는데 스승이 부르

는 소리가 났다. 자신을 방해하는 그 소리에 "스승님은 늘 내게 명상하도록 시키셨는데……, 내가 명상하려고 그의 방에 들어가는 것을 아시면서 방해해서는 안 되는데"라고 중얼거렸다. 그리고 다소 불만스럽게 "스승님 저는 명상하려고 합니다"라고 대답했다. 이미 모든 것을 알아차리고 있던 스승은 그래도 이리 오라고 말씀하셨다. 그는 깊고 조용히 응시하면서 "네 마음의 갈망은 달성될 것이다"라고 말하며 나의 가슴을 가볍게 쳤다.

그 순간 내 몸은 움직이지 않았고 마치 거대한 자력에 의해 허파에서 숨이 당겨지는 것 같았다. 영혼과 마음이 즉시 물리적인 육체의 속박에서 벗어나고 나의 모든 기공으로부터는 맹렬한 빛이 흘러 나왔다. 육체는 마치 죽은 듯했으나 결코 이전에는 알 수 없었던, '내가 온전하게 살아 있음'을 강렬하게 인지했다. 나의 일체감(Sense of identity)은 신체에 국한되지 않고 주위의 원자까지도 감싸 안았다. 먼 거리에 있는 사람들이 나의 주변으로 움직이고 있는 것처럼 보였다. 땅이 투명하여 식물과 나무의 뿌리가 보였고 수액의 흐름까지 볼 수 있었다. 내 주변의 모든 것들이 내 앞에 그대로 노출되어 있었다. 일상적 비전이 이제 동시적으로 모든 것을 인지하는 광대하고 둥근 비전으로 바뀌었다.

머리 뒤로 라즈가트 길 아래로 산책하고 있는 사람들이 보였고, 또 한가로이 다가오는 흰 암소도 보였다. 그 소가 열린 아슈람(Ashram, 수행자의 수행처)의 문 앞에 이르렀을 때 내 두 눈으로 그 소를 바라봤고, 그 소가 벽돌담 뒤로 지나갈 때도 여전히 분명히 볼 수 있었다. 나의 파노라마와 같은 응시 안에 있는 모든 것들이 빠른 활동사진처럼 떨리듯 움직였다. 나의 몸, 스승의 몸, 마당, 가구와 마루가 격렬히 동요하더니 마치 설탕 조각을 물에 넣어 저으면 모두 녹듯이 바다에 녹아들었다. 모든 것이 하나로 용해되고 있었다……그러면서 대양처럼 넓은 기쁨이 내 영혼의 조용하고 무한한 해변에 와 닿았다. 신의 영혼이 소진되지 않는 끝없는 기쁨임을 깨달았다. 내 안의 부풀어오르는 광휘가 마을, 도시, 대륙, 지구, 태양계, 떠 있는 우주를 감쌌다. 전 우주가 내 안의 무한함 속에서 희미하게 빛났다……갑자기 호흡이 되돌아왔다. 견딜 수 없는 절망과 함께 나의 무한한 광대함이 상실되었음을 깨달았다. 나는 또다시 몸이란 새장 안으로 제한되어진 것이었다. 대우주적인 집에서 달려나와 좁은 소우주로 갇힌 것이다. 나의 구루는 움직이지 않고 내 앞에 서 계셨다. 나는 그토록 오랫동안 간절히 갈망하고 추구해왔던 우주적 의식을 경험한 것에 대한 감사로 그의 발에 경의를 표했다. 그는 나를 일으켜 세우며 조용히 말했다. "황홀 체험에 너무 취해서는 안 된다. 네가 세상에서 해야 할 일이 여전히 많이 남아 있다. 와서 발코니 바닥을 함께 쓸고 강가를 거닐자."

스승은 균형 잡힌 삶의 비밀을 내게 가르치고 계셨다. 몸이 일상의 의무를 행하는 동안에도 영혼은 우주적 심연을 향해 뻗어나가야 한다. 단순한 지적 의지나 열린 마음만으로는 신비체험에 이를 수 없다. 요가 훈련과 박띠를 통한 의식(마음)의 적절한 확장이 초월의식에 이르게 하는 준비가 될 수 있다. 스승은 자유자재로 신비 상태를 불러오고, 직관적 통로를 발전시킨 이들에게 그것을 전이시키는 방법을 가르쳐주셨다. 이후 수개월간 나는 황홀경적인 합일 상태에 들어갔다. 신은 늘 새로운 기쁨이다.

현대사회와 요가 : 욕망과 물질 그리고 이성 중심의 삶에 대한 대안을 찾아서

최근에 일부 연예인들이 다이어트나 미용을 위한 요가 비디오를 내놓으면서 요가가 일반인들의 관심을 보다 많이 끌고 있는 듯하다. 사실 발생지인 인도 밖에서 일고 있는 요가 붐이 비단 최근의 현상인 것만은 아니다. 서구에서는 요가 붐(넓게는 인도 붐)이 일찍이 1960~1970년대부터 일어나서 지금도 지속되고 있고, 우리나라에서도 오래전부터 요가 수련원뿐 아니라 여러 문화센터의 요가강좌에서 일반인들이 요가를 배우는 등 요가에 대한 관심이 지속되어왔다. 그런데 지금까지 일반인들에게 알려져 있는 요가는 대체로 신체적 건강이나 질병 치료를 위한 수련법 아니면 마음의 건강을 위한 마음 수련법 정도였다. 그리고 최근에는 요가가 다이어트나 미용을 위한 방법으로도 인식되고 있다.

제대로 된 요가 수련이 몸과 마음의 건강을 가져다주는 것은 사실이다. 그리고 이것만으로도 몸과 마음의 스트레스를 안고 살아가고 있는 현대인들에게 요가는 충분한 의미가 있을 수 있다. 하지만 앞서 살펴보았듯이 이는 요가가 추구하는 목적의 극히 일부분에 속한다. 요가의 발생지인 인도에서 요가의 궁극적인 목표는 인간의 진정한 본성을 완전하게 실현하는 것, 즉 인간이 제약적인 존재 상황에서 벗어나 완전한 자유의 경지에 이르는 것에 있었다. 건강한 신체는 이를 위한 전초 단계일 뿐이다. 따라서 요가를 단순한 신체 강화 훈련으로 여기거나 최근에 연예인들을 내세워 요가를 다이어트의 한 방편으로 상업화시키려는 시도는 요가의 진정한 목적이나 정신을 왜곡시킬 가능성이 매우 커 보인다.

인도의 요기들과 학자들 역시 현재 인도 국내외에서 행해지고 있는 요가는 요가의 일부일 뿐 요가의 핵심은 아니라고 주장한다. 그들은 일반인들이 알고 있는 요가는 신체의 건강과 질병의 치료 등을 목적으로 하는 (아사나와 호흡법이 중심이 되는) 하타 요가인데, 이것이 요가 전체와 동일시되는 문제를 지적한다. 그들은 무엇보다도 요가의 진정한 정신이나 목적은 상실된 채 피상적이고도 형식적으로 신체적 행위만을 하는 것이 요가로 이해되고 있는 점을 우려하고 있다. 인도 바라나시에서 만나 대담했던 요기 쁘라까쉬도 세계 각지에서 요가를 배우러 오는 사람들이 요가를 신체적 훈련으로만 이해하고 있는 것을 매우 안타깝게 여기고 있었다.

한편 요기들 중에는 요가를 통해 특별한 능력을 얻어 사람들의 관심을 끌려고 하는 이들이 적지 않은데, 이러한 요가는 요가의 진정한 목적을 완전히 왜곡시킨 것이라 할 수 있다. 따라서 전통적 입장을 고수하는 사람들은 이러한 경향과 인식이 확대되면 인도의 전통적인 요가와 그 정신이 상실될 것이라고 우려하고 있다(Ballantyne, 1990).

인도의 요가가 우리나라에 반드시 그대로 이식될 필요는 없을 것이다. 그렇지만 우리의 필요에 적합하게 변형시켜 수용하기 위해서라도 요가에 대한 올바르고 포괄적인 이해는 필요하다고 생각된다. 따라서 건강이나 미용과 같은 요가와 관련된 실질적인 관심에 앞서 요가의 정신적인 측면에 주목할 필요가 있다.

사실 최근 국내에서 요가에 대해 관심이 증가하고 있는 현상은 1990년대 이후에 두드러지고 있는, 인도 정신문화에 대한 관심과 인도 여행 붐 현상과 연관지어 이해할 필요가 있다. 필자는 최근 수년간 현지조사 연구를 위해 겨울마다 인도에 가고 있는데 특히 2003년 초(1~2월)에는 놀랄 만큼 자주 한국인들(특히 젊은이들)을 만날 수 있었다. 현지인들도 서양인과 일본인들에 이어 최근에는 한국인 여행자들이 가장 많이 인도를 찾고 있다며 그 이유를 궁금해했다. 이러한 현상은 해외여행이 이전에 비해 훨씬 자유로워지고 일반화된데도 원인이 있겠지만, 인도에서 만났던 국내외 여행자들의 경우나

기타 여러 관련 사례들에 근거해보면, 인도를 찾는 이유를 단순히 해외여행의 자유화나 일반화로만 설명할 수는 없을 것 같다.

인도를 찾거나 인도의 정신문화에 관심을 기울이는 사람들에게 그 이유를 물으면 흔히 인도의 신비로운 분위기나 가난하지만 욕심이 없고 행복해 보이는 사람들의 이미지를 들기도 하고, 현재의 삶에서 느끼는 답답함이나 한계에서 벗어나고 싶어서라거나, 아니면 자신의 현 상황을 다른 관점에서 바라보고 변화의 계기를 갖고 싶어서라고 말한다. 실제로 삶의 의미나 목적 그리고 기존의 삶의 방식에 회의와 공허함을 느끼거나 극단적으로는 실존적인 한계 상황에 처하게 될 때 한 번쯤 인도를 떠올리거나 인도를 찾는 경우를 많이 보게 된다. 종교의 핵심적인 기능이 인간의 실존적인 물음에 대해 해답을 제시해줌으로써 실존적 위기 상황을 해소시키고 삶을 유지하게 해주는 것이라면, 이들에게 '인도'는 마치 일종의 종교적 기능을 행하고 있는 것처럼 보인다.

이러한 현상을 접하면서 욕망의 충족을 극대화시키는 방향으로 치닫고 있는 현대 물질문명에 대해 생각하게 된다. 물질문명의 발달이 삶에 물질적 풍요로움과 편리함을 가져다준 것은 사실이다. 그렇지만 과연 그것이 우리에게 진정한 행복을 가져다주었는가 하는 자문을 하게 된다. 인도인들의 삶과 문화를 처음 접하는 이들은 지독한 물질적인 가난에도 불구하고 인도인들이 보여주는 평온한 듯한 표정과 미소에 일종의 충격을 받곤 한다. 물론 그들의 빈곤은 해결되어야만 할 문제이다. 다만 여기서 말하고자 하는 것은 현실에 초연한 듯한 그들의 삶의 모습과 태도가 현실의 삶에 옥죄어 자신의 삶이 점점 피폐해지고 있다고 느끼는 이들에겐 충격으로 다가올 수도 있다는 점이다. 그리고 아마도 이러한 경험이 이제까지 자신들이 추구해왔던 삶의 목적과 가치 그리고 의미를 되묻게 하는 것 같다.

과연 행복이란 무엇이고 우리는 무엇으로 행복해질 수 있는 것일까? 우리는 많은 것을 소유하려 해왔고, 또 많은 것을 성취하려 해왔다. 그래서 많은 부와 높은 사회적 지위 또는 명예를 얻기 위해 부단히 애쓰는 삶을 살아가고 있다. 하지만 곰곰이 생각해보면 이러한 가치나 목표들은 대부분 자기 자신 안에서 비롯되었다기보다는 (통상적으로 또는 사회적으로) 외부에서 우리에게 주어진 경우가 대부분이다. 진정한 행복의 근원은 자신이 원하는 것이 무엇인가를 발견하고 그것에 합치되는 삶을 사는 것에 있지 않을까 한다. 그리고 이러한 자각을 하게 될 때 자기 안(내면)을 들여다보기, 즉 자아 찾기가 중요한 의미를 지니게 될 것이다. 인간의 내면에 대한 깊은 명상을 통해 자아실현을 추구하는 요가는 이 점에서 관심의 대상으로 떠오를 수 있다.

우리는 누구나 행복을 추구한다. 우리가 생각하고 행하는 모든 것들이 실은 행복에 이르기 위한 노력일는지도 모른다. 그럼에도 우리는 대부분의 경우 행복하지 못하다. 요가는 우리가 잘못된 곳과 잘못된 것들에서 행복을 찾고 있다고 말하고 있다. 그리고 그 행복이 인간의 외부가 아닌 내부에 있다고 선언한다. 요가는 몸과 마음의 욕망으로는 결코 만족된 상태에 이를 수 없으며 욕망이 없는 상태를 통해 행복에 이를 수 있다는 것을 보여준다. 그리고 이것은 몸과 마음을 정화하는 과정을 통해 가능해진다고 말한다.

인도의 정신문화는 삶과 인간에 관한 보다 본질적이고 근원적인 문제들을 대면케 해주는 것 같다. 또, 그러한 문제들에 대해 사색케 하고 깨달음을 통해 존재와 삶의 의미를 새로운 시각에서 바라볼 수 있게 해준다. 인도의 전통적인 사상과 문화는 모든 다양성을 인정하고 포용하면서도 그들을 하나의 통일성을 이루고 있는 것들로 이해하는 일원론적인 인식체계와 가치관을 지니고 있다. 적어도 필자에게는 이 일원론적인 인식체계와 가치관이 종합적이고 직관적이며, 유연함과 편안함 그리고 자유로움을 지닌 것으로 느껴진다. 서구의 이성 중심적이고 분석적인 그리고 배타적인 이원론적 인식체계와 가치관이 자아내는 경직되고 비관용적인 분위기와는 사뭇 다른 느낌이라고 할 수 있다.

현대의 위대한 요기 중 한 사람인 마하리쉬 요기(Maharishi Mahesh Yogi)는 최근에 패러다임의 대전환, 즉 '존재를 아는 것(Knowing to Being)'으로의 대전환을 예언했다. 사실 우리는 여러 세대 동안 지적 수준의 앎, 그러니까 앎의 표면적인 수준에서 삶을 영위해왔다. 그러나 그는 존재의 영역이 앎의 토대이자 모든 가능성의 영역이라고 말한다. 우리의 내적 존재가 모든 가능성의 영역이자 모든 창조성, 지성, 에너지의 토대이므로 우리가 존재의 차원에서 생각하고 행동할 수 있는 능력을 지닌다면 모든 수준의 성취, 진전, 행복이 가능할 수 있다는 것이다. 그러므로 지성적인 차원에서 나 자신을 아는 것이 아니라 존재의 차원에서 나 자신이 될 것을 강조한다. 이것은 요가의 핵심 가르침이기도 하다.

근대 이후 과학기술이 발달하고 현대화와 합리화가 이루어지면서 적어도 외면적으로는 물질적 풍요로움과 그에 따른 행복도 증가한 것처럼 보인다. 그럼에도 현대인들은 정신적인 불안과 불만족 그리고 여러 가지 심리적인 질병 등에 시달리느라 그다지 행복해 보이지 않는다. 현대문명이 낳은 합리성(이성)의 비대화, 효율성과 기능성을 강조하는 빠른 속도감 등은 우리가 자신의 내면에 관심을 기울일 수 있는 기회와 여유를 차단시키고 있다. 그런 까닭에 우리는 속도감에 짓눌린 채 존재 자체를 향유할 수 있는 여유를 가지지 못하고 있다. 삶은 자꾸만 기능화되고 물질화되어가고 있고 이로 인한 심리적이고 정신적인 문제들이 발생하고 있다. 이러한 상황에서 이성보다는 직관을, 욕망보다는 욕망의 버림을, 물질보다는 정신을 강조하는 그리고 근원적인 존재의 차원으로 돌아가라고 말하는 요가가 대안적인 삶의 철학으로 부상하는 것이 아닐까? 이제 진정한 행복에 대해 생각해볼 때이다.

주

1) 이 수뜨라는 본래 짧았으나 후에 여러 세기를 거치면서 방대한 주석이 첨가되었다. 이 가운데 중요한 것은 500년경에 전설적인 성자 비야사(Vyasa)가 지은 『요가-바샤 *Yoga-bhashya*』와 850년경 바하스빠띠 미슈라(Vahaspati Mishra)가 지은 『따뜨바-바이샤라디 *Tattva-vaisharadi*』이다.
2) 『우빠니샤드』에는 일원론적 세계관이 지배적이지만 이원론적 사고도 발견된다. 샹캬는 이에 근거하여 『우빠니샤드』를 이원론적으로 재해석한 것이다.
3) 그다지 적합한 해석이라고 할 수는 없지만 쉬운 이해를 위해 이 두 실재를 정신과 물질로 표현할 수 있을 것이다.
4) 다스굽따(Dasgupta, 1987)는 칫따(citta)와 붓디(buddhi) 모두를 'mind'로 번역했다. 붓디는 'mind'의 지적 측면을, 칫따는 모든 경험, 기억 등의 저장고로서의 'mind'의 측면을 강조할 때 사용하고 있다.
5) 『우빠니샤드』와 그것을 해석하거나 체계화시킨 문헌들을 말한다.
6) 메시(Masih, 1983 : 186)는 본래 『기따』 이전에는 까르마가 결과를 바라는 혹은 의도된 행위를 의미하였으나 『기따』에서는 모든 종류의 행위를 의미하게 되었고 따라서 까르마를 자기중심적인 사까마 까르마(sakama karma)와 이기적이 아닌 니스까마 까르마(niskama karma)로 구분하게 되었다고 설명한다.
7) '(행위의) 결실에 대한 모든 집착을 버리고, 성공과 실패에 평정한 마음으로 행동하라. 마음의 평정함이 요가이기 때문이다.'(2 : 48) '집착에서 자유롭고 그의 마음을 지혜에 굳건히 세운 자, 단지 희생으로서 행위하는 자, 그의 모든 행위는 완전히 소멸된다.'(4 : 23) '평정한 마음을 지니고 행위의 결실에 대한 집착을 버린 지혜로운 자는 태어남의 속박에서 자유롭고 지극한 희열의 최고의 상태에 이른다.'(2 : 51)
8) 도교도들은 최고의 이상인 불멸을 얻기 위해 여러 가지 수행법을 사용하였는데 그러한 수행법 중 하나인 방중술에서는 실제적인 성교를 통하여 체내에 생명력의 본질인 기를 최대

로 축적시킴으로써 불로장생을 얻으려 했다.

9) 스프랫(Spratt, 1966 : 20)은 밀교의 종교의례가 고대의 풍요의례에서 유래되었을 것으로 추정한다. 그런데 유럽에서는 유사한 의례의 흔적만이 남아 있는 반면에 인도의 경우는 지속적으로 살아남아서 철학적 색채를 지니게 되었다고 말한다.

10) 밀교는 원시주술에 고도로 발전된 종교이상이 결합된 종교형태라고 할 수 있다. 그러나 최근까지도 그것의 에로틱한 성격으로 인해 주로 부정적인 관점에서 연구되고 이해되어 왔다. 이 전통은 인도의 주요 종교들에 강력한 영향을 미치면서 지난 1,500여 년 동안 인도 종교의 주요 흐름 가운데 하나로 지속돼왔다. 이러한 밀교의 기원을 밝히는 일은 용이하지 않다. 다만 인도에서 밀교가 체계적으로 조직화되고 힌두교와 불교 등에 도입된 것은 약 5세기경부터라고 할 수 있다. 밀교신앙과 관행은 7세기에 이르러 상층계급 사이에 널리 퍼졌고 힌두교와 불교 모두에서 7~12세기에 걸쳐서 절정기에 이르렀다(Desai, 1985 : 112).

11) 여신숭배 형태를 취하는 힌두 밀교에서는 창조력이자 여성원리인 샥띠가 보다 강조되어 모든 생성의 유일 원리로서 우위성을 차지하기도 한다.

12) 여러 문화에서, 상반되면서도 상호 보완적인 두 원리인 여성원리와 남성 원리는 꽤 이른 시기부터 종교, 철학적 전제로 사용되어왔다. 천부신과 지모신의 개념은 그 대표적인 예이다. 인도의 경우 이 남녀의 양극적 상징주의는 종교, 철학 전통에서 매우 중요한 역할을 해왔다. 샹캬 철학에서 가장 체계화되고 발전된 표현이 나타나고 밀교에서 가장 뚜렷한 표현이 나타난다.

참고문헌

류경희, 「바라나시(베나레스) : 힌두 성지의 종교문화적 의미와 기능」, 『종교와 문화』 6호, 서울대 종교문제연구소, 2000.

류경희, 「인도 사상의 해탈 개념」, 『印度哲學』 제7집, 인도철학회, 1977.

월터 T. 스테이스, 강건기·정륜 옮김, 『신비사상』, 동쪽나라, 1997.

Ballantyne, J. R. and Deva, G. S., tr., *Yogasutras of Patanjali*, Delhi : Parimal Publication, 1990.

Bhattacharyya, Haridas, ed., *The Cultural Heritage of India*, vol. 3, Calcutta : The Ramakrishna Mission Institute of Culture, 1983.

Coster, G., *Yoga and Western Psychology*, Delhi : Motilal Banarsidass, 1998(1934).

Dasgupta, Surendranath, *Yoga as Philosophy and Religion*, Delhi : Motilal Banarsidass, 1987(1924).

Desai, D., *Erotic Sculpture of India*, New Delhi : Munshiram Manoharlal, 1985.

Frawley, David, *From the River of Heaven*, Delhi : Motilal Banarsidass, 1992.

Gupta, Bina, ed., *Sexual Archetypes, East and West*, New York : Paragon House, 1987.

Happold, F. C., *Mysticism : A Study and An Anthology*, Penguin, 1977(1963).

Madan, T. N., ed., *Religion in India*, Delhi : Oxford Univ. Press, 1992.

Mahadevan, T. M. P., *Outlines of Hinduism*, Bombay : Chetana Limited, 1956.

Masih, Y., *The Hindu Religious Thoughts*, Delhi : Motilal Banarsidass, 1983,

Pande, G. C., *Foundations of Indian Culture*, vol.1, Delhi : Motilal

Banarsidass, 1990(1984).

Parrinder, Geoffrey, *Mysticism In The World's Religions*, Oxford : One World, 1976.

Payne, Richard, "Circles of Love : In Search of a Spirituality of Sexuality and Marriage", in Bina Gupta, ed., *Sexual Archetypes, East and West*, New York : Paragon House, 1987.

Raman, Rajeswari, *Hatha Yoga For All*, Delhi : Motilal Banarsidass, 1991(1979).

Seshadri, H. V., *Yoga a Social Imperative*, New Delhi : Graphic World, 2000.

Spratt, P., *Hindu Culture and Personality*, Bombay : Manaktalas, 1966.

Waterstone, Richard, *India*, London : Macmillan, 1995.

Woods, J. H., *The Yoga-System of Patanjali*, Delhi : Motilal Banarsidass, 1989.

Yogananda, Paramhansa, *Autobiography of a Yogi*, New York : The Philosophical Library, 1946.

프랑스엔 〈크세주〉, 일본엔 〈이와나미 문고〉, 한국에는 〈살림지식총서〉가 있습니다.

전자책 | 큰글자 | 오디오북

001 미국의 좌파와 우파 | 이주영
002 미국의 정체성 | 김형인
003 마이너리티 역사 | 손영호
004 두 얼굴을 가진 하나님 | 김형인
005 MD | 정욱식
006 반미 | 김진웅
007 영화로 보는 미국 | 김성곤
008 미국 뒤집어보기 | 장석정
009 미국 문화지도 | 장석정
010 미국 메모랜덤 | 최성일
011 위대한 어머니 여신 | 장영란
012 변신이야기 | 김선자
013 인도신화의 계보 | 류경희
014 축제인류학 | 류정아
015 오리엔탈리즘의 역사 | 정진농
016 이슬람 문화 | 이희수
017 살롱문화 | 서정복
018 추리소설의 세계 | 정규웅
019 애니메이션의 장르와 역사 | 이용배
020 문신의 역사 | 조현설
021 색채의 상징, 색채의 심리 | 박영수
022 인체의 신비 | 이성주
023 생물학무기 | 배우철
024 이 땅에서 우리말로 철학하기 | 이기상
025 중세는 정말 암흑기였나 | 이경재
026 미셸 푸코 | 양운덕
027 포스트모더니즘에 대한 성찰 | 신승환
028 조폭의 계보 | 방성수
029 성스러움과 폭력 | 류성민
030 성상 파괴주의와 성상 옹호주의 | 진형준
031 UFO학 | 성시정
032 최면의 세계 | 설기문
033 천문학 탐구자들 | 이면우
034 블랙홀 | 이충환
035 법의학의 세계 | 이윤성
036 양자 컴퓨터 | 이순칠
037 마피아의 계보 | 안혁
038 헬레니즘 | 윤진
039 유대인 | 정성호
040 M. 엘리아데 | 정진홍
041 한국교회의 역사 | 서정민
042 야웨와 바알 | 김남일
043 캐리커처의 역사 | 박창석
044 한국 액션영화 | 오승욱
045 한국 문예영화 이야기 | 김남석
046 포켓몬 마스터 되기 | 김윤아
047 판타지 | 송태현
048 르 몽드 | 최연구
049 그리스 사유의 기원 | 김재홍
050 영혼론 입문 | 이정우
051 알베르 카뮈 | 유기환
052 프란츠 카프카 | 편영수
053 버지니아 울프 | 김희정
054 재즈 | 최규용
055 뉴에이지 음악 | 양한수
056 중국의 고구려사 왜곡 | 최광식
057 중국의 정체성 | 강준영
058 중국의 문화코드 | 강진석
059 중국사상의 뿌리 | 장현근
060 화교 | 정성호
061 중국인의 금기 | 장범성
062 무협 | 문현선
063 중국영화 이야기 | 임대근
064 경극 | 송철규
065 중국적 사유의 원형 | 박정근
066 수도원의 역사 | 최형걸
067 현대 신학 이야기 | 박만
068 요가 | 류경희
069 성공학의 역사 | 정해윤
070 진정한 프로는 변화가 즐겁다 | 김학선
071 외국인 직접투자 | 송의달
072 지식의 성장 | 이한구
073 사랑의 철학 | 이정은
074 유교문화와 여성 | 김미영
075 매체 정보란 무엇인가 | 구연상
076 피에르 부르디외와 한국사회 | 홍성민
077 21세기 한국의 문화혁명 | 이정덕
078 사건으로 보는 한국의 정치변동 | 양길현
079 미국을 만든 사상들 | 정경희
080 한반도 시나리오 | 정욱식
081 미국인의 발견 | 우수근
082 미국의 거장들 | 김홍국
083 법으로 보는 미국 | 채동배
084 미국 여성사 | 이창신
085 책과 세계 | 강유원
086 유럽왕실의 탄생 | 김현수
087 박물관의 탄생 | 전진성
088 절대왕정의 탄생 | 임승휘
089 커피 이야기 | 김성윤
090 축구의 문화사 | 이은호
091 세기의 사랑 이야기 | 안재필
092 반연극의 계보와 미학 | 임준서

093 한국의 연출가들 | 김남석
094 동아시아의 공연예술 | 서연호
095 사이코드라마 | 김정일
096 철학으로 보는 문화 | 신응철
097 장 폴 사르트르 | 변광배
098 프랑스 문화와 상상력 | 박기현
099 아브라함의 종교 | 공일주
100 여행 이야기 | 이진홍
101 아테네 | 장영란
102 로마 | 한형곤
103 이스탄불 | 이희수
104 예루살렘 | 최창모
105 상트 페테르부르크 | 방일권
106 하이델베르크 | 곽병휴
107 파리 | 김복래
108 바르샤바 | 최건영
109 부에노스아이레스 | 고부안
110 멕시코 시티 | 정혜주
111 나이로비 | 양철준
112 고대 올림픽의 세계 | 김복희
113 종교와 스포츠 | 이창익
114 그리스 미술 이야기 | 노성두
115 그리스 문명 | 최혜영
116 그리스와 로마 | 김덕수
117 알렉산드로스 | 조현미
118 고대 그리스의 시인들 | 김헌
119 올림픽의 숨은 이야기 | 장원재
120 장르 만화의 세계 | 박인하
121 성공의 길은 내 안에 있다 | 이숙영
122 모든 것을 고객중심으로 바꿔라 | 안상헌
123 중세와 토마스 아퀴나스 | 박주영
124 우주 개발의 숨은 이야기 | 정홍철
125 나노 | 이영희
126 초끈이론 | 박재모 · 현승준
127 안토니 가우디 | 손세관
128 프랭크 로이드 라이트 | 서수경
129 프랭크 게리 | 이일형
130 리차드 마이어 | 이성훈
131 안도 다다오 | 임채진
132 색의 유혹 | 오수연
133 고객을 사로잡는 디자인 혁신 | 신언모
134 양주 이야기 | 김준철
135 주역과 운명 | 심의용
136 학계의 금기를 찾아서 | 강성민
137 미 · 중 · 일 새로운 패권전략 | 우수근
138 세계지도의 역사와 한반도의 발견 | 김상근
139 신용하 교수의 독도 이야기 | 신용하
140 간도는 누구의 땅인가 | 이성환
141 말리노프스키의 문화인류학 | 김용환
142 크리스마스 | 이영제
143 바로크 | 신정아
144 페르시아 문화 | 신규섭
145 패션과 명품 | 이재진
146 프랑켄슈타인 | 장정희
147 뱀파이어 연대기 | 한혜원
148 위대한 힙합 아티스트 | 김정훈
149 살사 | 최명호
150 모던 걸, 여우 목도리를 버려라 | 김주리
151 누가 하이카라 여성을 데리고 사누 | 김미지
152 스위트 홈의 기원 | 백지혜
153 대중적 감수성의 탄생 | 강심호
154 에로 그로 넌센스 | 소래섭
155 소리가 만들어낸 근대의 풍경 | 이승원
156 서울은 어떻게 계획되었는가 | 염복규
157 부엌의 문화사 | 함한희
158 칸트 | 최인숙
159 사람은 왜 인정받고 싶어하나 | 이정은
160 지중해학 | 박상진
161 동북아시아 비핵지대 | 이삼성 외
162 서양 배우의 역사 | 김정수
163 20세기의 위대한 연극인들 | 김미혜
164 영화음악 | 박신영
165 한국독립영화 | 김수남
166 영화와 샤머니즘 | 이종승
167 영화로 보는 불륜의 사회학 | 황혜진
168 J.D. 샐린저와 호밀밭의 파수꾼 | 김성곤
169 허브 이야기 | 조태동 · 송진희
170 프로레슬링 | 성민수
171 프랑크푸르트 | 이기식
172 바그다드 | 이동은
173 아테네인, 스파르타인 | 윤진
174 정치의 원형을 찾아서 | 최자영
175 소르본 대학 | 서정복
176 테마로 보는 서양미술 | 권용준
177 칼 마르크스 | 박영균
178 허버트 마르쿠제 | 손철성
179 안토니오 그람시 | 김현우
180 안토니오 네그리 | 윤수종
181 박이문의 문학과 철학 이야기 | 박이문
182 상상력과 가스통 바슐라르 | 홍명희
183 인간복제의 시대가 온다 | 김홍재
184 수소 혁명의 시대 | 김미선
185 로봇 이야기 | 김문상
186 일본의 정체성 | 김필동
187 일본의 서양문화 수용사 | 정하미
188 번역과 일본의 근대 | 최경옥
189 전쟁국가 일본 | 이성환
190 한국과 일본 | 하우봉
191 일본 누드 문화사 | 최유경
192 주신구라 | 이준섭
193 일본의 신사 | 박규태
194 미야자키 하야오 | 김윤아
195 애니메이션으로 보는 일본 | 박규태
196 디지털 에듀테인먼트 스토리텔링 | 강심호
197 디지털 애니메이션 스토리텔링 | 배주영
198 디지털 게임의 미학 | 전경란
199 디지털 게임 스토리텔링 | 한혜원
200 한국형 디지털 스토리텔링 | 이인화

201 디지털 게임, 상상력의 새로운 영토 | 이정엽
202 프로이트와 종교 | 권수영
203 영화로 보는 태평양전쟁 | 이동훈
204 소리의 문화사 | 김토일
205 극장의 역사 | 임종엽
206 뮤지엄건축 | 서상우
207 한옥 | 박명덕
208 한국만화사 산책 | 손상익
209 만화 속 백수 이야기 | 김성훈
210 코믹스 만화의 세계 | 박석환
211 북한만화의 이해 | 김성훈 · 박소현
212 북한 애니메이션 | 이대연 · 김경임
213 만화로 보는 미국 | 김기홍
214 미생물의 세계 | 이재열
215 빛과 색 | 변종철
216 인공위성 | 장영근
217 문화콘텐츠란 무엇인가 | 최연구
218 고대 근동의 신화와 종교 | 강성열
219 신비주의 | 금인숙
220 십자군, 성전과 약탈의 역사 | 진원숙
221 종교개혁 이야기 | 이성덕
222 자살 | 이진홍
223 성, 그 억압과 진보의 역사 | 윤가현
224 아파트의 문화사 | 박철수
225 권오길 교수가 들려주는 생물의 섹스 이야기 | 권오길
226 동물행동학 | 임신재
227 한국 축구 발전사 | 김성원
228 월드컵의 위대한 전설들 | 서준형
229 월드컵의 강국들 | 심재희
230 스포츠마케팅의 세계 | 박찬혁
231 일본의 이중권력, 쇼군과 천황 | 다카시로 고이치
232 일본의 사소설 | 안영희
233 글로벌 매너 | 박한표
234 성공하는 중국 진출 가이드북 | 우수근
235 20대의 정체성 | 정성호
236 중년의 사회학 | 정성호
237 인권 | 차병직
238 헌법재판 이야기 | 오호택
239 프라하 | 김규진
240 부다페스트| 김성진
241 보스턴 | 황선희
242 돈황 | 전인초
243 보들레르 | 이건수
244 돈 후안 | 정동섭
245 사르트르 참여문학론 | 변광배
246 문체론 | 이종오
247 올더스 헉슬리 | 김효원
248 탈식민주의에 대한 성찰 | 박종성
249 서양 무기의 역사 | 이내주
250 백화점의 문화사 | 김인호
251 초콜릿 이야기 | 정한진
252 향신료 이야기 | 정한진
253 프랑스 미식 기행 | 심순철
254 음식 이야기 | 윤진아
255 비틀스 | 고영탁
256 현대시와 불교 | 오세영
257 불교의 선악론 | 안옥선
258 질병의 사회사 | 신규환
259 와인의 문화사 | 고형욱
260 와인, 어떻게 즐길까 | 김준철
261 노블레스 오블리주 | 예종석
262 미국인의 탄생 | 김진웅
263 기독교의 교파 | 남병두
264 플로티노스 | 조규홍
265 아우구스티누스 | 박경숙
266 안셀무스 | 김영철
267 중국 종교의 역사 | 박종우
268 인도의 신화와 종교 | 정광흠
269 이라크의 역사 | 공일주
270 르 코르뷔지에 | 이관석
271 김수영, 혹은 시적 양심 | 이은정
272 의학사상사 | 여인석
273 서양의학의 역사 | 이재담
274 몸의 역사 | 강신익
275 인류를 구한 항균제들 | 예병일
276 전쟁의 판도를 바꾼 전염병 | 예병일
277 사상의학 바로 알기 | 장동민
278 조선의 명의들 | 김호
279 한국인의 관계심리학 | 권수영
280 모건의 가족 인류학 | 김용환
281 예수가 상상한 그리스도 | 김호경
282 사르트르와 보부아르의 계약결혼 | 변광배
283 초기 기독교 이야기 | 진원숙
284 동유럽의 민족 분쟁 | 김철민
285 비잔틴제국 | 진원숙
286 오스만제국 | 진원숙
287 별을 보는 사람들 | 조상호
288 한미 FTA 후 직업의 미래 | 김준성
289 구조주의와 그 이후 | 김종우
290 아도르노 | 이종하
291 프랑스 혁명 | 서정복
292 메이지유신 | 장인성
293 문화대혁명 | 백승욱
294 기생 이야기 | 신현규
295 에베레스트 | 김법모
296 빈 | 인성기
297 발트3국 | 서진석
298 아일랜드 | 한일동
299 이케다 하야토 | 권혁기
300 박정희 | 김성진
301 리콴유 | 김성진
302 덩샤오핑 | 박형기
303 마거릿 대처 | 박동운
304 로널드 레이건 | 김형곤
305 셰이크 모하메드 | 최진영
306 유엔사무총장 | 김정태
307 농구의 탄생 | 손대범
308 홍차 이야기 | 정은희

309 인도 불교사 | 김미숙
310 아힌사 | 이정호
311 인도의 경전들 | 이재숙
312 글로벌 리더 | 백형찬
313 탱고 | 배수경
314 미술경매 이야기 | 이규현
315 달마와 그 제자들 | 우봉규
316 화두와 좌선 | 김호귀
317 대학의 역사 | 이광주
318 이슬람의 탄생 | 진원숙
319 DNA분석과 과학수사 | 박기원
320 대통령의 탄생 | 조지형
321 대통령의 퇴임 이후 | 김형곤
322 미국의 대통령 선거 | 윤용희
323 프랑스 대통령 이야기 | 최연구
324 실용주의 | 이유선
325 맥주의 세계 | 원융희
326 SF의 법칙 | 고장원
327 원효 | 김원명
328 베이징 | 조창완
329 상하이 | 김윤희
330 홍콩 | 유영하
331 중화경제의 리더들 | 박형기
332 중국의 엘리트 | 주장환
333 중국의 소수민족 | 정재남
334 중국을 이해하는 9가지 관점 | 우수근
335 고대 페르시아의 역사 | 유흥태
336 이란의 역사 | 유흥태
337 에스파한 | 유흥태
338 번역이란 무엇인가 | 이향
339 해체론 | 조규형
340 자크 라캉 | 김용수
341 하지홍 교수의 개 이야기 | 하지홍
342 다방과 카페, 모던보이의 아지트 | 장유정
343 역사 속의 채식인 | 이광조 (절판)
344 보수와 진보의 정신분석 | 김용신
345 저작권 | 김기태
346 왜 그 음식은 먹지 않을까 | 정한진
347 플라멩코 | 최명호
348 월트 디즈니 | 김지영
349 빌 게이츠 | 김익현
350 스티브 잡스 | 김상훈
351 잭 웰치 | 하정필
352 워렌 버핏 | 이민주
353 조지 소로스 | 김성진
354 마쓰시타 고노스케 | 권혁기
355 도요타 | 이우광
356 기술의 역사 | 송성수
357 미국의 총기 문화 | 손영호
358 표트르 대제 | 박지배
359 조지 워싱턴 | 김형곤
360 나폴레옹 | 서정복
361 비스마르크 | 김장수
362 모택동 | 김승일
363 러시아의 정체성 | 기연수
364 너는 시방 위험한 로봇이다 | 오은
365 발레리나를 꿈꾼 로봇 | 김선혁
366 로봇 선생님 가라사대 | 안동근
367 로봇 디자인의 숨겨진 규칙 | 구신애
368 로봇을 향한 열정, 일본 애니메이션 | 안병욱
369 도스토예프스키 | 박영은
370 플라톤의 교육 | 장영란
371 대공황 시대 | 양동휴
372 미래를 예측하는 힘 | 최연구
373 꼭 알아야 하는 미래 질병 10가지 | 우정헌
374 과학기술의 개척자들 | 송성수
375 레이첼 카슨과 침묵의 봄 | 김재호
376 좋은 문장 나쁜 문장 | 송준호
377 바울 | 김호경
378 테킬라 이야기 | 최명호
379 어떻게 일본 과학은 노벨상을 탔는가 | 김범성
380 기후변화 이야기 | 이유진
381 샹송 | 전금주
382 이슬람 예술 | 전완경
383 페르시아의 종교 | 유흥태
384 삼위일체론 | 유해무
385 이슬람 율법 | 공일주
386 반야심경·금강경 | 곽철환
387 루이스 칸 | 김낙중 · 정태용
388 톰 웨이츠 | 신주현
389 위대한 여성 과학자들 | 송성수
390 법원 이야기 | 오호택
391 명예훼손이란 무엇인가 | 안상운
392 사법권의 독립 | 조지형
393 피해자학 강의 | 장규원
394 정보공개란 무엇인가 | 안상운
395 적정기술이란 무엇인가 | 김정태 · 홍성욱
396 치명적인 금융위기, 왜 유독 대한민국인가 | 오형규
397 지방자치단체, 돈이 새고 있다 | 최인욱
398 스마트 위험사회가 온다 | 민경식
399 한반도 대재난, 대책은 있는가 | 이정직
400 불안사회 대한민국, 복지가 해답인가 | 신광영
401 21세기 대한민국 대외전략 | 김기수
402 보이지 않는 위협, 종북주의 | 류현수
403 우리 헌법 이야기 | 오호택
404 핵심 중국어 간체자(简体字) | 김현정
405 문화생활과 문화주택 | 김용범
406 미래주거의 대안 | 김세용 · 이재준
407 개방과 폐쇄의 딜레마, 북한의 이중적 경제 | 남성욱·정유석
408 연극과 영화를 통해 본 북한 사회 | 민병욱
409 먹기 위한 개방, 살기 위한 핵외교 | 김계동
410 북한 정권 붕괴 가능성과 대비 | 전경주
411 북한을 움직이는 힘, 군부의 패권경쟁 | 이영훈
412 인민의 천국에서 벌어지는 인권유린 | 허만호
413 성공을 이끄는 마케팅 법칙 | 추성엽
414 커피로 알아보는 마케팅 베이직 | 김민주
415 쓰나미의 과학 | 이호준
416 20세기를 빛낸 극작가 20인 | 백승무

417 20세기의 위대한 지휘자 | 김문경
418 20세기의 위대한 피아니스트 | 노태헌
419 뮤지컬의 이해 | 이동섭
420 위대한 도서관 건축 순례 | 최정태
421 아름다운 도서관 오디세이 | 최정태
422 롤링 스톤즈 | 김기범
423 서양 건축과 실내디자인의 역사 | 천진희
424 서양 가구의 역사 | 공혜원
425 비주얼 머천다이징&디스플레이 디자인 | 강희수
426 호감의 법칙 | 김경호
427 시대의 지성, 노암 촘스키 | 임기대
428 역사로 본 중국음식 | 신계숙
429 일본요리의 역사 | 박병학
430 한국의 음식문화 | 도현신
431 프랑스 음식문화 | 민혜련
432 중국차 이야기 | 조은아
433 디저트 이야기 | 안호기
434 치즈 이야기 | 박승용
435 면(麵) 이야기 | 김한송
436 막걸리 이야기 | 정은숙
437 알렉산드리아 비블리오테카 | 남태우
438 개헌 이야기 | 오호택
439 전통 명품의 보고, 규장각 | 신병주
440 에로스의 예술, 발레 | 김도윤
441 소크라테스를 알라 | 장영란
442 소프트웨어가 세상을 지배한다 | 김재호
443 국제난민 이야기 | 김철민
444 셰익스피어 그리고 인간 | 김도윤
445 명상이 경쟁력이다 | 김필수
446 갈매나무의 시인 백석 | 이숭원
447 브랜드를 알면 자동차가 보인다 | 김흥식
448 파이온에서 힉스 입자까지 | 이강영
449 알고 쓰는 화장품 | 구희연
450 희망이 된 인문학 | 김호연
451 한국 예술의 큰 별 동랑 유치진 | 백형찬
452 경허와 그 제자들 | 우봉규
453 논어 | 윤홍식
454 장자 | 이기동
455 맹자 | 장현근
456 관자 | 신창호
457 순자 | 윤무학
458 미사일 이야기 | 박준복
459 사주(四柱) 이야기 | 이지형
460 영화로 보는 로큰롤 | 김기범
461 비타민 이야기 | 김정환
462 장군 이순신 | 도현신
463 전쟁의 심리학 | 이윤규
464 미국의 장군들 | 여영무
465 첨단무기의 세계 | 양낙규
466 한국무기의 역사 | 이내주
467 노자 | 임헌규
468 한비자 | 윤찬원
469 묵자 | 박문현
470 나는 누구인가 | 김용신
471 논리적 글쓰기 | 여세주
472 디지털 시대의 글쓰기 | 이강룡
473 NLL을 말하다 | 이상철
474 뇌의 비밀 | 서유헌
475 버트런드 러셀 | 박병철
476 에드문트 후설 | 박인철
477 공간 해석의 지혜, 풍수 | 이지형
478 이야기 동양철학사 | 강성률
479 이야기 서양철학사 | 강성률
480 독일 계몽주의의 유학적 기초 | 전홍석
481 우리말 한자 바로쓰기 | 안광희
482 유머의 기술 | 이상훈
483 관상 | 이태룡
484 가상학 | 이태룡
485 역경 | 이태룡
486 대한민국 대통령들의 한국경제 이야기 1 | 이장규
487 대한민국 대통령들의 한국경제 이야기 2 | 이장규
488 별자리 이야기 | 이형철 외
489 셜록 홈즈 | 김재성
490 역사를 움직인 중국 여성들 | 이양자
491 중국 고전 이야기 | 문승용
492 발효 이야기 | 이미란
493 이승만 평전 | 이주영
494 미군정시대 이야기 | 차상철
495 한국전쟁사 | 이희진
496 정전협정 | 조성훈
497 북한 대남 침투도발사 | 이윤규
498 수상 | 이태룡
499 성명학 | 이태룡
500 결혼 | 남정욱
501 광고로 보는 근대문화사 | 김병희
502 시조의 이해 | 임형선
503 일본인은 왜 속마음을 말하지 않을까 | 임영철
504 내 사랑 아다지오 | 양태조
505 수프림 오페라 | 김도윤
506 바그너의 이해 | 서정원
507 원자력 이야기 | 이정익
508 이스라엘과 창조경제 | 정성호
509 한국 사회 빈부의식은 어떻게 변했는가 | 김용신
510 요하문명과 한반도 | 우실하
511 고조선왕조실록 | 이희진
512 고구려조선왕조실록 1 | 이희진
513 고구려조선왕조실록 2 | 이희진
514 백제왕조실록 1 | 이희진
515 백제왕조실록 2 | 이희진
516 신라왕조실록 1 | 이희진
517 신라왕조실록 2 | 이희진
518 신라왕조실록 3 | 이희진
519 가야왕조실록 | 이희진
520 발해왕조실록 | 구난희
521 고려왕조실록 1 (근간)
522 고려왕조실록 2 (근간)
523 조선왕조실록 1 | 이성무
524 조선왕조실록 2 | 이성무

525 조선왕조실록 3 | 이성무
526 조선왕조실록 4 | 이성무
527 조선왕조실록 5 | 이성무
528 조선왕조실록 6 | 편집부
529 정한론 | 이기용
530 청일전쟁 | 이성환
531 러일전쟁 | 이성환
532 이슬람 전쟁사 | 진원숙
533 소주이야기 | 이지형
534 북한 남침 이후 3일간, 이승만 대통령의 행적 | 남정옥
535 제주 신화 1 | 이석범
536 제주 신화 2 | 이석범
537 제주 전설 1 | 이석범 (절판)
538 제주 전설 2 | 이석범 (절판)
539 제주 전설 3 | 이석범 (절판)
540 제주 전설 4 | 이석범 (절판)
541 제주 전설 5 | 이석범 (절판)
542 제주 민담 | 이석범
543 서양의 명장 | 박기련
544 동양의 명장 | 박기련
545 루소, 교육을 말하다 | 고봉만 · 황성원
546 철학으로 본 앙트러프러너십 | 전인수
547 예술과 앙트러프러너십 | 조명계
548 예술마케팅 | 전인수
549 비즈니스상상력 | 전인수
550 개념설계의 시대 | 전인수
551 미국 독립전쟁 | 김형곤
552 미국 남북전쟁 | 김형곤
553 초기불교 이야기 | 곽철환
554 한국가톨릭의 역사 | 서정민
555 시아 이슬람 | 유흥태
556 스토리텔링에서 스토리두잉으로 | 윤주
557 백세시대의 지혜 | 신현동
558 구보 씨가 살아온 한국 사회 | 김병희
559 정부광고로 보는 일상생활사 | 김병희
560 정부광고의 국민계몽 캠페인 | 김병희
561 도시재생이야기 | 윤주
562 한국의 핵무장 | 김재엽
563 고구려 비문의 비밀 | 정호섭
564 비슷하면서도 다른 한중문화 | 장범성
565 급변하는 현대 중국의 일상 | 장시,리우린,장범성
566 중국의 한국 유학생들 | 왕링윈, 장범성
567 밥 딜런 그의 나라에는 누가 사는가 | 오민석
568 언론으로 본 정부 정책의 변천 | 김병희
569 전통과 보수의 나라 영국 1-영국 역사 | 한일동
570 전통과 보수의 나라 영국 2-영국 문화 | 한일동
571 전통과 보수의 나라 영국 3-영국 현대 | 김언조
572 제1차 세계대전 | 윤형호
573 제2차 세계대전 | 윤형호
574 라벨로 보는 프랑스 포도주의 이해 | 전경준
575 미셸 푸코, 말과 사물 | 이규현
576 프로이트, 꿈의 해석 | 김석
577 왜 5왕 | 홍성화
578 소가씨 4대 | 나행주
579 미나모토노 요리토모 | 남기학
580 도요토미 히데요시 | 이계황
581 요시다 쇼인 | 이희복
582 시부사와 에이이치 | 양의모
583 이토 히로부미 | 방광석
584 메이지 천황 | 박진우
585 하라 다카시 | 김영숙
586 히라쓰카 라이초 | 정애영
587 고노에 후미마로 | 김봉식
588 모방이론으로 본 시장경제 | 김진식
589 보들레르의 풍자적 현대문명 비판 | 이건수
590 원시유교 | 한성구
591 도가 | 김대근
592 춘추전국시대의 고민 | 김현주
593 사회계약론 | 오수웅
594 조선의 예술혼 | 백형찬
595 좋은 영어, 문체와 수사 | 박종성

요가 초월을 향한 지향

펴낸날 **초판 1쇄 2004년 3월 15일**
초판 4쇄 2024년 1월 9일

지은이 **류경희**
펴낸이 **심만수**
펴낸곳 **(주)살림출판사**
출판등록 **1989년 11월 1일 제9-210호**

주소 **경기도 파주시 광인사길 30**
전화 **031-955-1350** 팩스 **031-624-1356**
홈페이지 **http://www.sallimbooks.com**
이메일 **book@sallimbooks.com**

ISBN 978-89-522-0203-1 04080
978-89-522-0096-9 04080 (세트)

※ 값은 뒤표지에 있습니다.
※ 잘못 만들어진 책은 구입하신 서점에서 바꾸어 드립니다.